"语文素养"
丛书

初读国学
CHUDUGUOXUE

（第一卷）

主　编　闫银夫　苏　轼
编著者　谢祖国　陈永睿　苏　阳　程文友　蔡宏心　苏　轼

山西出版传媒集团
山西人民出版社

图书在版编目（CIP）数据

初读国学. 第一卷 / 闫银夫，苏轼主编；谢祖国等编著. —太原：山西人民出版社，2012.3（2014.10重印）

（语文素养丛书）

ISBN 978-7-203-07519-6

Ⅰ. ①初… Ⅱ. ①闫… ②苏… ③谢… Ⅲ. ①中华文华—小学—课外读物 Ⅳ. ①G624.203

中国版本图书馆CIP数据核字（2012）第001580号

初读国学·第一卷

主　　编：闫银夫　苏　轼
责任编辑：冯　昭
装帧设计：谢　成
出 版 者：山西出版传媒集团·山西人民出版社
地　　址：太原市建设南路21号
邮　　编：030012
发行营销：0351-4922220　4955996　4956039
　　　　　0351-4922127（传真）　4956038（邮购）
E-mail：sxskcb@163.com　发行部
　　　　sxskcb@126.com　总编室
网　　址：www.sxskcb.com
经 销 者：山西出版传媒集团·山西人民出版社
承 印 者：山西晋财印刷有限公司
开　　本：787mm×960mm　1/16
印　　张：12.5
字　　数：120千字
印　　数：7701-10700册
版　　次：2012年3月　第1版
印　　次：2014年10月　第3次印刷
书　　号：ISBN 978-7-203-07519-6
定　　价：28.00元

如有印装质量问题请与本社联系调换

序 言

在故事中感知国学

闫银夫

我们所说的"国学",主要以先秦两汉时期的经典著作为根基,其中有人们熟识的《论语》《诗经》《左传》《庄子》《史记》等,也有人们相对陌生的《孝经》《管子》《礼记》等,这些著作是国学集大成者,代表着中华民族的文化精髓。在中华民族数千年的延续和前行的步履中,它们凝聚着"中国心",燃烧着"中国情",强化着"中国印",坚定着"中国根"。它们是中华民族统一的根基,不变的情怀。

让孩子们较早、较全面地接触这些国学经典,其直接目标是:一、在国学中走进中华历史;二、在国学中熟悉民族文化;三、在国学中传承祖国语言。达成此目标,胸怀中会涌动大我的视野与力量,血脉里会流淌大我的智慧与博爱,而且将贯穿孩子们的一生。

初读国学经典,由于古今表意存在差异,以及时代背景相隔久远,不可避免地会有阅读障碍。怎样化解这种障碍呢?

我们在进行市场调研时,第一时间便否定了"原文"加"译注"的图书模式,因为这种形态几乎是把原始文本静态地摆放在孩子们面前,虽可供字面上的浅阅读,却无法帮助孩子们独立地感知文本的内涵。

循着"感知"的思路,我们反复琢磨,深入讨论,群策群力,把突破点最终锁定在"故事"这个载体上。在我们的预期里,"故事"相当于一个强有力的抓手,它与国学经典构成联动模式,从而使阅读难度趋缓,趣味性增强,引领和搀扶孩子们,让他们或独立或在父母的伴读下,不同程度地走进国学经典,在阅读的同时有所感,有所得。

围绕"故事",我们分两步操作:首先,在国学著作中撷取了有积极意义、有阅读价值、有故事因子的近400个重要片段。其次,紧扣原著,配备其背景,编织其过程,丰满其情节,浅显地解读并传达原文的意思;对个别无法直接改编成故事的片段,采用移借的办法,通过相近的故事来辅助释义。这样,孩子们先在故事中了解情节,作了一定的铺垫后,再去对应地阅读原文,这样就获得了"猜读"的资本。"猜读"是国学入门阶段一种有效的学习方式。

书中的"道理"部分,是一处特别的设置。我们从文意中取其一点,提纯为有现代色彩的"道理",让国学经典在不露痕迹中对接现实生活,增添现代价值取向,从而拉近沟通的距离,消除因年代久远而产生的隔膜感。

时下,文化强国已然成为国策,我们应该意识到,领略国学魅力,提升文化素养,重塑孩子心灵,不仅是教育层面的命题,而且是社会范畴的命题。依托这个大背景,我们尝试着迈出一小步,推出了《初读国学》这套丛书。我们希望这项工作有一点点建设性。

2012年1月

目 录

一、忠孝诚信
1. 守约赴猎 / 002
2. 曾参杀人 / 004
3. 退避三舍 / 006
4. 对话"诚信" / 008
5. 忠信不设防 / 010
6. 以怨报德 / 012
7. 季冶辞官 / 014
8. 忠孝两全 / 016
9. 尔虞我诈 / 018
10. 绝食七日请救兵 / 020

二、谦恭俭朴
1. 功不自居 / 024
2. 骄奢淫逸 / 026
3. 贪天之功 / 028
4. 赵衰让贤 / 030
5. 群贤让功 / 032
6. 鲁庄公修宗庙 / 034
7. 季文子的"吝啬" / 036
8. 老母教子 / 038
9. 叔向贺贫 / 040
10. 自取败亡 / 042

三、智勇仁爱
1. 里革改信 / 046
2. 里革割网 / 048
3. 敢下油锅的叔詹 / 050

4. 五色槐树	/ 052
5. 敢作敢当	/ 054
6. 休戚相关	/ 056
7. 一问三不知	/ 058
8. 结草报恩	/ 060
9. 风牛马不相及	/ 062
10. 畏首畏尾	/ 064

四、守节忠职
1. 西门豹治邺 / 068
2. 史疾正名 / 070
3. 兄弟一家亲 / 072
4. 化干戈为玉帛 / 074
5. 乐天知命 / 076
6. 问鼎中原 / 078
7. 鲅设诸除暴 / 080
8. 不死之药 / 082

五、谏言纳言
1. 秦王与中期争论 / 086
2. 门庭若市 / 088
3. 孟尝君纳谏 / 090
4. 劝说张相国 / 092
5. 南辕北辙 / 094
6. 鹬蚌相争 / 096
7. 民怨不能堵 / 098
8. 一饭三叹 / 100
9. 叔向智谏 / 102
10. 鞋子便宜 / 104
11. 扁鹊见秦武王 / 106
12. 众志成城 / 108

六、讽喻明理
1. 两虎相斗 / 112
2. 画蛇添足 / 114
3. 两败俱伤 / 116
4. 狐假虎威 / 118
5. 一顾千金 / 120
6. 卫人迎新妇 / 122

【目 录】

	7. 宋人名母	/ 124
	8. 智伯之死	/ 126
	9. 以鹤为战	/ 128
	10. 华而不实	/ 130

七、举贤任能
1. 惊弓之鸟 / 134
2. 淳于髡荐士 / 136
3. 用人不疑 / 138
4. 公叔荐相 / 140
5. 千金求马 / 142
6. 任贤不避仇 / 144
7. 知子莫如父 / 146
8. 谤书盈箧 / 148
9. 楚材晋用 / 150

八、励志戒骄
1. 引锥刺股 / 154
2. 滥祭海鸟 / 156
3. 死而不朽 / 158
4. 范献子立身 / 160
5. 师旷论乐 / 162
6. 自求多福 / 164
7. 安步当车 / 166
8. 趾高气扬 / 168
9. 卧薪尝胆 / 170

九、谋略智慧
1. 书生进城 / 174
2. 智收祭地 / 176
3. 借刀除奸 / 178
4. 虎怒断蹄 / 180
5. 智逃虎口 / 182
6. 罪犯敢死队 / 184
7. 邯郸之围 / 186
8. 背城一战 / 188
9. 包藏祸心 / 190

一、忠孝诚信

ZHONGXIAOCHENGXIN
CHUDUGUOXUE

1. 守约赴猎

2. 曾参杀人

3. 退避三舍

4. 对话"诚信"

5. 忠信不设防

6. 以怨报德

7. 季冶辞官

8. 忠孝两全

9. 尔虞我诈

10. 绝食七日请救兵

1. 守约赴猎

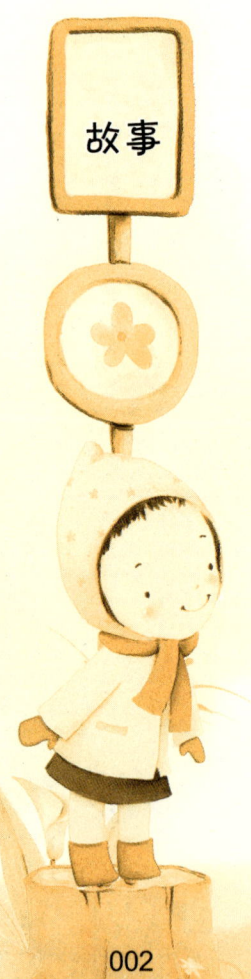

魏文侯,名斯,魏国百年霸业的开创者。在战国七雄中,他首先实行变法,改革政治,奖励耕战,兴修水利,发展经济;北灭中山国,西取秦国的西河之地,使魏国成为战国初期的强国。更为重要的是,魏文侯任用李悝主持魏国的变法工作和法制建设,影响了中国政治两千年。后来的秦献公、秦孝公和商鞅变法都是以魏国为蓝本的。魏文侯还拜子夏为师,把儒家的地位提到了前所未有的高度,达到了收取士人之心的政治目的,是后世帝王通过尊儒笼络知识阶级的创始人。魏文侯在政治、经济、文化、军事上的策略,为后世帝王所推崇,魏文侯的施政经验是中华帝国的一个经典样本。

作为一个影响中国几千年的杰出人物,魏文侯不仅在处理国家大事时始终保持清醒的头脑,能够顺应时事,开拓进取,建功立业,而且在对待生活小事上也从不糊涂或敷衍搪塞,能够做到言必行,行必果。

有一次,他在连续处理了几起比较大的案子后,感到很疲惫,就一个人来到王城公园想放松放松。看守苑囿(yòu)的小吏见魏文侯到来,赶紧上前叩头问安。他们来到一处圈养野生动物的栅栏旁,望着那一个个活泼可爱的小动物,魏文侯突然来了兴致,他让这个看守苑囿的小吏过两天陪他到郊外打猎。魏文侯如此器重,这小吏当然非常高兴地答应了下来。

到了约定的时间,魏文侯正和文武百官一起参加一个庆功宴。他与众大臣开怀畅饮,正喝得尽兴时,突然想起与那个守苑囿的小吏的约定,便立即放下手中的酒杯,命令侍卫官赶紧准备好车马,他要到郊外去。这时外面正下着雨,大臣们都觉得很奇怪,就问道:"今天您和我们一起喝酒喝得很开心,天又下着雨,您这是要到哪里去呢?"魏文侯说:"我与虞人约好了今天一起去打猎,虽然在这里饮酒很开心,可是我怎么能不去赴约呢?"

于是,魏文侯乘车前往郊外,与等在那里看守苑囿的小吏一起狩猎去了。尽管他为此身体疲倦,但却没有失信于人。

原文

文侯与虞(yú)人①期猎②。是日,饮酒乐,天雨。文侯将出,左右曰:"今日饮酒乐,天又雨,公将焉之③?"文侯曰:"吾与虞人期猎,虽乐,岂可不一会期哉?"乃往,身自罢(pí)④之。魏于是乎始强。

·(《战国策·魏策一》)

注释

① 虞人:看守苑囿的小吏。② 期猎:相约去打猎。③ 将焉之:准备到哪里去。④ 罢:通"疲",疲倦。

道理

诚信是一个人立身处世的根本。有作为的人,无论面对何人何事,都能以诚相待,绝不失信于人。

2. 曾参杀人

故事

春秋末年，鲁国有个名叫曾参的人，人们称他为曾子。他性情沉静，举止稳重，为人谨慎，待人谦恭，以孝著称。曾子16岁就拜孔子为师，曾提出"慎终（慎重地办理父母的丧事）、追远（虔诚地追念祖先）、民德归厚"的主张，又提出"吾日三省吾身"（《论语·学而》）的修养方法，著述有《大学》、《孝经》等儒家经典，后世儒家尊他为"宗圣"。

年轻时，曾子和母亲住在一个叫费的地方。有一次，在费这个地方有一个和曾子同名的人，因在市场买卖过程中与人发生争执而失手杀了人。为了躲避官府的缉捕，那个和曾子同名的人逃到了外地，官府因此到处张贴通缉他的文书，希望知情者举报。此时，恰逢曾子外出游学未归。

曾子的邻人、朋友中有多人看到了这则文书，误以为那个曾参就是这个曾参，他们先后赶往曾子家将这一消息告诉了曾子的母亲。

当第一个来人说"曾参杀人了"时，曾子的母亲十分果断地回答说："我的儿子不会杀人的。"因为她深知儿子的为人和秉性。说这话的时候，她仍然不停地织着布。

可没过多久，又一个人来对曾子的母亲说："曾参杀人了。"曾子的母亲未置可否，仍旧安心地织着布，仿佛没听见一样。

这人刚走不一会儿，第三个人又来告诉曾子的母亲说："曾参杀人了。"这一回，曾子的母亲再也坐不住了，她显然害怕了，心想儿子果真杀人在逃的话，一旦自己落入官府手中，儿子一定会投案自首，舍身相救，这样岂不害了自己的儿子。想到此，她急忙丢下手中的织布梭(suō)子,使出全身的力气翻墙逃跑了。

曾子本没有杀人,他的母亲也坚信他不会杀人,可是,只要有三个人说他杀人了,慈爱的母亲也不敢相信自己的儿子了,尽管曾子一向是那样的贤德。

原文

昔者,曾子处费①,费人有与曾子同名族者②而杀人。人告曾子母曰:"曾参③杀人。"曾子之母曰:"吾子不杀人。"织自若。有顷(qǐng)④焉,人又曰:"曾参杀人。"其母尚织自若也。顷之,一人又告之曰:"曾参杀人。"其母惧,投杼(zhù)⑤逾(yú)墙而走。夫以曾参之贤与母之信也,而三人疑之,则慈母不能信也。

(《战国策·秦策二》)

注释

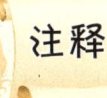

①费,地名。②同名族者:同名同姓的人。③曾参:即曾子。④顷:一会儿。⑤杼:织布梭子。

道理

对于传言,不能盲目轻信,要通过调查了解,弄明白事实的真相。

3. 退避三舍

晋公子重耳在外流亡时，经过千辛万苦来到了楚国。楚成王认为重耳日后必然大有作为，就以国宾之礼相迎。

这一天，楚成王宴请重耳，献酒九次，陈列的美味佳肴极为丰盛。重耳感到礼节太隆重了，正准备辞谢，子犯在一旁说："这是上天的旨意，您还是接受吧。您现在还是一个逃亡在外的公子，楚君竟然用国君之礼接待，您和楚王地位是不对等的，楚王却像对待国君那样为您陈设礼品。如果不是天意，谁还会有这种想法？"重耳认为有理，于是宾主饮酒叙话，气氛十分融洽。

宴饮之后，楚成王问重耳："如果您以后当上了国君，用什么报答我？"

重耳略一思索，说："金钱美女您有的是，珍禽羽毛、象牙兽皮更是贵地的特产，至于那些扩散到晋国的东西，不过是您剩下不要的罢了，我有什么来报答您呢？"

楚王说："公子过谦了，话虽然这么说，可总该有所表示吧？"

重耳笑笑回答道："要是托您的福，我果真能回国当政的话，我愿与贵国友好相处。假如有一天，晋楚之间在中原一带发生战争，我一定命令军队首先退避三舍来报答您的恩情。如果您还不肯谅解，我只好左手执鞭拉弓，右边挂着弓袋箭袋，奉陪您较量一番。"

过了几年，重耳真的回到晋国当了国君，晋国在他的治理下日益强大，而重耳也成为历史上有名的晋文公。

公元前633年，楚军和晋军在作战时相遇，晋文公为了实现他许下的诺言，下令军队主动后撤了90里，驻扎在城濮(pú)。楚军见晋军后退，以为对方害怕了，马上追击。晋军利用楚军骄傲轻敌的弱点，集中兵力，大破楚军，取得了城濮之战的胜利。

忠孝诚信

原文

遂如楚，楚成王以周礼享之，九献①，庭实旅百②……既飨(xiǎng)，楚子③问于公子曰："子若克复晋国，何以报我？"公子再拜稽(qǐ)首对曰："子女玉帛，则君有之。羽旄(máo)齿革④，则君地生焉。其波及晋国者，君之余也，又何以报？"王曰："虽然，不谷⑤愿闻之。"对曰："若以君之灵，得复晋国，晋、楚治兵，会于中原，其避君三舍⑥。若不获命，其左执鞭弭(mǐ)⑦，右属櫜(gāo)鞬(jiān)⑧军，以与君周旋。"

（《国语·晋语四》）

注释

① 九献：帝王宴请上公的礼节，献酒共九次。② 庭实旅百：庭实，周礼，诸侯国之间互相访问，把礼物陈列于中庭，称庭实。旅，众多。百，指各以百计，极言丰盛。③ 楚子，即楚成王。楚国属于子爵国家，所以称楚王为楚子。④ 羽旄齿革：羽，鸟羽，指翡翠、孔雀的毛。旄，旄牛尾。齿，象牙。革，犀、兕(sì)的皮革。⑤ 不谷：君王自称，谦词。谷，善。⑥ 舍：古代行军30里为一舍。⑦ 弭：弓末的弯曲处。⑧ 櫜鞬：櫜，盛箭的袋。鞬，马上盛弓箭的器具。

道理

做人信守承诺，必然会获得丰厚的回报。

4. 对话"诚信"

故事

这一年,晋国发生旱灾,赤日炎炎,颗粒无收。爱民如子的晋文公十分着急,于是找大夫箕郑询问对策。

君臣坐定,晋文公问箕郑:"怎样才能救饥荒?"

箕郑回答说:"很简单,那就是讲诚信。"

这句话说到晋文公的心上了。晋文公说:"不错!君子应该讲诚信。从前有个'烽火戏诸侯'的故事,周幽王为博取褒姒(Bāosì)一笑,下令在都城附近20多座烽火台上点起烽火,结果众诸侯率领将士们匆匆赶到,明白了这是周幽王博妻一笑的花招后,就愤然离去。虽然褒姒终于开心一笑,但不讲诚信的周幽王失去了诸侯们的信任。五年后,西戎真的率兵打过来了,幽王再次点燃烽火,诸侯们一个也没有到,最后幽王被杀,褒姒也被俘。可见,不讲诚信,害处大无边啊。那么,怎样讲诚信呢?"

箕郑回答道:"君心要讲诚信,官位名分要讲诚信,法令要讲诚信,办事要讲诚信。"

晋文公追问一句:"这是讲诚信的原则,那么,讲诚信会有什么意义呢?"

箕郑笑了:"君心讲诚信,那么善恶就会分明;官位名分讲诚信,那么高低上下就不会冒犯;法令讲诚信,那么就不会误时废功;办事讲诚信,那么老百姓就会各得其所。"

晋文公也笑了:"是啊,讲诚信,心想事成;不讲诚信,一事无成。当初,我的弟弟夷吾对秦穆公不讲诚信,答应给秦国的五座城池后来又不给了,结果弄得身败名裂。"

箕郑连连点头:"的确,讲诚信,好处大无边。老百姓信任君王,即使贫穷也不害怕;富裕的家庭会拿出家中的东西用于赈灾,就像对待家人一样。这样看来,我们即使遇到饥荒,只要讲诚信,又有什么害怕的呢?"

果然,晋文公号令富人拿出自己的粮食赈(zhèn)灾,这些富人纷纷响应,晋国很快熬过了饥荒。

原文

晋饥,公①问于箕(jī)郑②曰:"救饥何以?"对曰:"信③。"公曰:"安信?"对曰:"信于君心,信于名④,信于令,信于事。"公曰:"然则若何?"对曰:"信于君心,则美恶不逾⑤。信于名,则上下不干⑥。信于令,则时无废功。信于事,则民从事有业。于是乎民知君心,贫而不惧,藏出如入⑦,何匮(kuì)⑧之有?"

(《国语·晋语四》)

注释

①公:晋文公。②箕郑:晋国大夫。③信:诚信。④名:指各级官员职位高低的名分。⑤逾:越。⑥干:犯。⑦藏出如入:拿出家中的钱财用于赈济,就像对家人一样。⑧匮:乏。

道理

诚信意味着形象和口碑,凭借它可以立身,有时还可战胜困难。

5. 忠信不设防

故事

公元前546年,中原各诸侯国在宋国会盟,准备签订停止战争的盟约。

晋国的老冤家楚国,一见晋国的主要首脑都在宋国,便想趁机偷袭在宋国的晋军。楚国的令尹子木口出大言:"如果能把晋国的军队全部消灭,并且杀掉晋国的正卿赵文子,那么晋国的力量就被削弱了,我们就可以高枕无忧了。"

消息传来,晋国的正卿赵文子急得团团转,他找到叔向,不停地问:"怎么办?怎么办?"

叔向胸有成竹地说:"你担心什么!我们讲忠诚,讲信义,就不怕别人侵犯。如果忠诚信义来自内心,那么,他行仁政就高尚,根基就牢固,国家也就不会动摇。当年,我们晋国与楚国在城濮大战时,先祖晋文公讲忠诚、讲信义,兑现了'退避三舍'的承诺,结果我们打败了楚国;现在,只要我们诚心为诸侯谋划,用信义证明我们的善意,我们就不怕楚国的挑衅。"

赵文子还是不放心,又问:"如果楚国不讲忠信怎么办?"

叔向笑了:"我们在这里开会结盟,楚国当着诸侯各国的面,口头上也要讲忠诚信义。如果他们胆敢偷袭我们,那就是自己打自己的嘴巴,证明他们违背了忠诚,抛弃了信义。不讲忠信,出尔反尔,倒霉的肯定是他们自己。"

为表示忠诚信义,在这次结盟行动中,晋军只设篱笆作围墙,把车马拉到水草便利的地方驻扎。白天,不设瞭(liào)望台;晚上,不设流动哨。

楚国最终没敢图谋晋军,因为害怕晋军的诚信之举。

从这以后,一直到晋平公去世,楚国都没敢侵犯晋国。

原文

诸侯之大夫盟于宋①,楚令尹子木②欲袭晋军,曰:"若尽晋师而杀赵武③,则晋可弱也。"文子闻之,谓叔向曰:"若之何?"叔向曰:"子何患焉。忠不可暴④,信不可犯。忠自中,而信自身⑤,其为德也深矣,其为本也固矣,故不可抇(yuè)⑥也……"是行也,以藩(fān)为军,攀辇(niǎn)即利而舍⑦,候遮扦(hàn)卫不行⑧,楚人不敢谋,畏晋之信也。自是没平公无楚患。

(《国语·晋语八》)

注释

①诸侯之大夫盟于宋:鲁襄公二十七年(公元前546年),晋、楚和其他诸侯国为了停止攻杀,在宋订立同盟。②令尹子木:令尹,官名。子木,人名。③赵武:即赵文子,晋国的正卿。④暴:蔑视,践踏。⑤忠自中,而信自身:忠诚出自内心,信义出于自身。⑥抇:动摇。⑦以藩为军,攀辇即利而舍:指只设藩篱,不设壁垒,引车到方便的地方住下。藩,篱笆。攀,引。辇,车。利,便利。⑧候遮扦卫不行:白天不用瞭望和隐蔽,晚上不用放哨捍卫。候,伺望。遮,隐蔽。扦,捍卫。不行,不用。

道理

以自己的忠诚、信义和胆识,可以震慑背信弃义、图谋不轨的对手。

6. 以怨报德

故事

公元前647年,晋国出现了饥荒。晋惠公派使者到秦国,商谈购买秦国粮食的事宜。

此时,晋国大夫丕(pī)郑的儿子丕豹在秦国避难,因为晋惠公杀了他的父亲,他对晋惠公恨之入骨,便趁机对秦穆公说:

"晋君一贯对您背信弃义,这是谁都知道的。前几年晋国有人祸,现在又闹天灾。原先失去了'人心',现在又失去了'天时',他们将灾难重重啊!您应该攻打它,不要卖给他们粮食。"

宽厚的秦穆公内心不忍,说:"我确实是憎恶这个忘恩负义的人啊!前几年我帮他回国时,他答应给我们五座城池,一转眼又悔约了。可是,晋国的老百姓又有什么罪呢?天灾流行,这是自然现象,各国都会交替出现;救济灾荒,这是我们的责任,不能因为个人的恩怨而抛弃了我们的责任。"

秦国的大夫公孙枝也同意秦穆公的意见,他对穆公说:"您对晋君有恩德,晋君却对他的老百姓不施恩德,现在闹天灾又向您求救,这大概是天意吧。如果您卖给晋国粮食有了回报,那不更好么?如果晋君不回报您,那就是不义,晋国的人民就会叛离他,我们到那时再去讨伐他,就一定可以胜利。"

秦穆公听从了公孙枝的建议,暂不计较晋惠公悔约的前嫌,派了大量的船只从河上运载粮食到晋国。

第二年,秦国也发生了饥荒,晋惠公下令把河东五城的粮食运到秦国,可是,晋国一个目光短浅的大臣虢射发话了。

虢射说:"原来我们不给它土地,现在却卖给它五城的粮食,这不但不能减少他们的怨恨,反而增强他们的实力,不如不给。"

鼠目寸光的晋惠公同意了:"确实是这样。"

另一个大臣庆郑反对说:"不能这样做。我们原来已经赖下了人家的土地,现在又舍不得这五城的粮食,忘记了人家的好心却又以怨报德，即使是我，也会来攻打晋国的。"

晋惠公大怒道："这不是你该管的。"下令不卖粮食给秦国。

又过了两年，秦国渡过灾荒，秦穆公率兵大举伐晋，终于捉住了以怨报德的晋惠公。

原文

晋饥，乞籴(dí)①于秦。丕豹曰："晋君无礼于君，众莫不知。往年有难，今又荐饥②。已失人，又失天，其有殃也多矣。君其伐之，勿予籴！"公曰："寡人其君是恶，其民何罪？……"是故泛舟于河，归籴于晋。

秦饥，公③令河上④输之粟。虢(guó)射曰："弗予赂地而予之籴，无损于怨而厚于寇，⑤不若勿予。"公曰："然。"庆郑曰："不可。已赖⑥其地，而又爱⑦其实⑧，忘善而背德，虽我必击之。弗予，必击我。"公曰："非郑之所知也⑨。"遂不予。

(《国语·晋语三》)

注释

①籴：买粮。②荐饥：连年歉收。一说禾、麦都歉收叫荐饥。③公：晋惠公。④河上：指晋惠公答应给秦国的黄河以东的五城一带。⑤弗予赂地而予之籴，无损于怨而厚于寇：不给它土地却卖给它这五城的粮食，这不会减轻他们的怨恨，反而会增强他们攫取这块地方的野心。⑥赖：抵赖。⑦爱：舍不得。⑧实：粮谷。⑨非郑之所知也：这不是你该管的。

道理

知恩必报，利来惠往，这是做事的规则。违背这个规则，难免会众叛亲离。

7. 季冶辞官

鲁国著名的外交家季文子，一生兢兢业业，克勤克俭，但他的儿子季武子却是一个野心勃勃的阴谋家。按规定，鲁国只能建立二军，但季武子为了专权，硬要建立三军，结果召来齐国、楚国的轮番攻打，害得鲁襄公不得不年年去楚国朝拜。

这一年，鲁襄公去楚国与楚王会谈，留在国内的季武子为了扩大自己的势力范围，派兵偷袭并占领了鲁国的一个城邑——卞。但他表面还要做出尊重鲁襄公的样子，于是眼珠一转，想了一个歪点子。

一个下暴雨的日子，季武子派人召来京城里的大夫季冶，说："现在请您到楚国去，把主公请回来，你看可以吗？"

"好！"忠心耿耿的季冶二话没说，冒雨出发了。

又是一个大雨的日子，正在风雨兼程的季冶大夫被后面的几个骑兵追上。来者递给季冶一封密信，说："这是季武子将军请您转交的国书，请您务必交给主公。"

过了几天，疲惫不堪的季冶终于赶到楚国，见到了鲁襄公，寒暄几句后，小心翼翼地捧上国书。襄公拆开一看，脸顿时阴了下来。只见季武子所谓的国书上面写道："卞城的老百姓要叛变，我派兵讨伐他们，已经取得卞城。"

鲁襄公深知季武子的奸诈狡猾，但拿他没有办法，沉默了半晌，就让大臣荣成子回信一封，信是这样写的：

"你是辅佐鲁国的重臣，国家的事实际上是由你控制着。只要你觉得方便，何必只拿下一个卞城？卞城人有罪，你去讨伐，这是你分内的事，又何必汇报呢？"

季冶陪着鲁襄公回国后，知道了事情的真相，不禁嚎啕大哭，为自己被人蒙蔽而深深自责。

第二天，忠厚老实的季冶交还了他的封邑回到家乡，再也不愿出来做官。他流着泪，对鲁襄公派来的官员说："让我欺骗君王，还说我有才能。有才能却欺骗自己的君王,这样的人,还怎么敢享受俸禄在朝廷做官呢?"

至于季武子呢,更加肆无忌惮地独断专行,鲁国王室日益衰落。

原文

襄公在楚,季武子取卞(Biàn),使季冶逆①,追而予之玺(xǐ)书②,以告曰:"卞人将畔③,臣讨之,既得之矣。"公未言,荣成子曰:"子股肱(gōng)④鲁国,社稷⑤之事,子实制⑥之。唯子所利,何必卞?卞有罪而子征之,子之隶⑦也,又何谒(yè)焉?"子冶归,致禄而不出,曰:"使予欺君,谓予能也。能而欺其君,敢享其禄而立其朝乎?"

(《国语·鲁语下》)

注释

①逆:迎接。②玺书:盖了印的信。玺:指君王的印,在汉代以前卿大夫的印也叫玺。③畔:通"叛",叛乱。④股肱:比喻左右辅助得力的人。⑤社稷:指国家。⑥制:控制,掌管。

道理

如果不能制止害人害己的行为,那就远离它,决不能参与其中。

8. 忠孝两全

故事

春秋末期,吴国国君阖闾(Hélǘ)在谋臣伍子胥(xū)的帮助下,长途奔袭,一直打到楚国的国都——郢(Yǐng)。

郢都陷入巨大的混乱之中,楚昭王被迫逃亡,在大臣斗辛的帮助下,来到斗辛的封地——郧城。

斗辛的弟弟斗怀听说楚昭王来此,出来相迎,备下酒席招待。斗怀用餐时,多次用眼角的余光看楚昭王。斗辛心生怀疑,为防不测,晚上他与楚昭王同睡一屋。

半夜时分,斗辛听到了磨刀之声,发现斗怀正手执利刃,满脸怒气。斗辛奇怪地问:"你磨刀干什么?"

斗怀愤怒地说:"杀楚王!"

"你为什么生出这等叛逆之心?"斗辛问道。

"当年楚平王听信费无忌的谗言,屈杀了我们的父亲。平王杀我们的父亲,我要杀平王的儿子以报父仇,有何不可?"

斗辛劝道:"我们的仇人应该是奸臣费无忌啊!要不是费无忌的陷害,我们的父亲也不会被杀。另外,昭王已经认识到了前人的过失,录用我们兄弟为官。如果趁他现在处境危难而谋杀他,必然天理不容。"

斗怀不听,说:"在国都,昭王是我们的国君;在国都外,昭王就是我们的仇人。见到仇人不杀,不算个人!"

斗辛耐心劝解道:"侍奉国君,不能因为国君在国都内或在国都外而改变态度,不能因为国君势力的盛衰变化而举动不同。另外,他是敌人的时候,才谈得上有仇,他不是敌人的时候,就谈不上有仇。"

斗怀不服,说:"那谁是我们的仇人呢?"

斗辛愤然而起,说:"现在,郢都火光冲天,血流成河,吴军烧杀奸淫,无恶不作。国难当头,我们现在真正的仇人是吴军啊。"

但斗怀仍然没有听进去，斗辛怒喝："我们楚人，有念祖忠君的爱国传统，你要是再生异意，我就先杀了你！"

斗怀没办法，恨恨地出门而去，斗辛领着楚昭王继续逃到随国。

十个月之后，楚昭王在秦国的帮助下打退了吴军。昭王回国以后，大赏斗辛等功臣，还把斗怀找来，想封赏他。有人表示反对，昭王说："他想为父亲报仇，是个孝子。既然能作孝子，作忠臣还有什么难的？"于是也封他当了大夫。

原文

吴人入楚，昭王奔郧(Yún)①，郧公②之弟怀③将弑(shì)王，郧公辛止之。怀曰："平王杀吾父④，在国则君，在外则雠(chóu)⑤也。见雠弗杀，非人也。"郧公曰："夫事君者，不为外内行，不为丰约⑥举⑦，苟君之，尊卑一也。且夫自敌以下则有雠，非是不雠……"怀弗听，曰："吾思父，不能顾矣。"郧公以王奔随⑧。

（《国语·楚语下》）

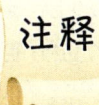

注释

①郧：楚国地名，今在湖北安陆县。②郧公：令尹子文的后人斗辛。③怀：斗辛的弟弟斗怀。④平王杀吾父：平王，楚昭王的父亲。斗辛的父亲叫蔓成然，因为费无忌陷害，被楚平王杀死。⑤雠：同"仇"。⑥丰约：丰，指盛。约，指衰。⑦举：举动。⑧郧公以王奔随：郧公领着昭王跑到随国。

道理

理解和宽容别人，就是帮助和善待自己，如果眼里一点儿也容不下别人，就会处处树敌，举步维艰。

9. 尔虞我诈

故事

公元前594年,楚国为了扩张自己的势力进攻宋国。

由于宋国的顽强抵抗,楚庄王久攻不下,于是打算离开宋国。楚国大夫子反在楚庄王马前叩头说:"臣即使冒死罪也要强谏,请求君王不要丢掉自己的诺言,一定要让宋国臣服。"

楚庄王说:"没有办法,僵持太久,劳民伤财,军力耗费太大,对国家不利啊!"

子反献计说:"我们现在不要攻城了,不如让军队在宋国都城外建房子,耕作农田,修渠修路,以示我们将在这里长期驻扎,这样宋国人必然畏惧,就会很快屈服。"

楚庄王采纳了子反的计策,果然灵验。当晚,宋国人就派大夫华元深入楚国军营,登上子反的床(古人席地为床),叫他起来,说:"我们的君王派我来,是要把我国当前的艰难状况告诉贵国,我们的都城里早已没有粮食吃了,只好交换着小孩子杀了吃掉,把死人骨头拆开当做做饭的燃料。尽管如此,要让我们无条件投降也办不到,我们宁可让国家灭亡,战斗到最后一人,也不能做有辱于祖宗的事。"

子反内心很害怕,但还是一本正经地说:"只要你们不做晋国进攻我们楚国的跳板,我们是会善待贵国的。"

华元说:"只要你们退兵30里,宋国就会完全听命于楚国的安排。"

子反觉得可以,就把这件事情报告给楚庄王,楚庄王同意了。于是宋国和楚国讲和,同时华元提出自己愿为人质。双方盟誓说:"楚宋双方,友好相处,我不骗你,你也不欺我。"

忠孝诚信

原文

宋人惧,使华元夜入楚师,登子反之床,起之,曰:"寡君使元以病①告,曰:'敝邑易子而食②,析骸(hái)以爨(cuàn)③。虽然,城下之盟④,有以国毙⑤,不能从也。去我三十里,唯命是听。'"子反惧,与之盟,而告王。退三十里,宋及楚平⑥。华元为质。盟曰:"我无尔诈,尔无我虞(yú)⑦。"

(《左传·宣公十五年》)

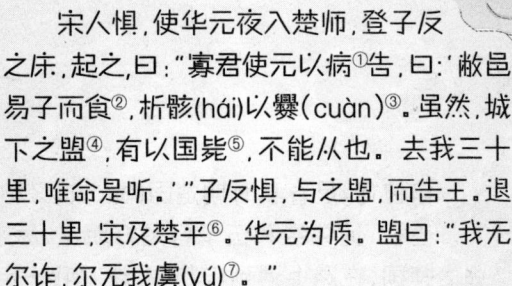

注释

①病:担心,忧虑。②易子而食:交换孩子杀了吃掉。③析骸以爨:把尸骨拆来烧火做饭。爨,烧火做饭。④城下之盟:敌方兵临城下而被迫签订盟约。⑤有以国毙:宁可让国家灭亡。有,助词,没有什么意义。⑥平:讲和。⑦我无尔诈,尔无我虞:我不骗你,你不欺我。虞:欺骗。

道理

人与人之间应当友好相处,互不欺骗。

10. 绝食七日请救兵

故事

申包胥,是春秋时期楚国的大夫,又称王孙包胥。

当初,他曾经和伍子胥是好朋友,后来伍子胥因父亲的冤案逃离楚国,在路上遇到申包胥,说:"我一定要颠覆楚国。"申包胥说:"不会吧!你能颠覆它,我一定能使它复兴。"

后来,伍子胥逃到了吴国,吴王阖闾采纳了伍子胥的计策,于公元前506年攻破楚国,进入郢都。申包胥随楚昭王撤出都城,辗(zhǎn)转流亡。

在这生死存亡的危急时刻,申包胥主动请求赴秦,乞求秦哀公出兵救楚。秦哀公不答应,申包胥说:"吴国是一条大毒蛇,它接连不断地侵害中原各国,最先受害的是我们楚国。吴国贪婪的本性是无法满足的,若是吴国处在您的邻国,肯定也会成为您边境的危害。趁吴国人还没有完全占领楚国,您还是去夺取一部分土地吧。如果楚国灭亡了,那便是君王的土地了。如果借君王的福佑,楚国得以收复失地,重整河山,楚国将世世代代侍奉君王。"

听了这话,秦哀公付之一笑,婉言谢绝说:"我听到您的良言了,您暂且住在客馆里休息休息,让我们考虑一下再告诉您。"申包胥回答说:"我们国君还流亡在荒山野岭之中,没有得到安身之所,臣下哪里敢到安逸的地方去呢?"说完,申包胥站起来,靠着墙角失声痛哭,哭声日夜不停,连续七天七夜,他没吃一口饭,没喝一口水。秦哀公终于被申包胥的诚心所感动,并含泪吟诵《无衣》,以表达与楚国同仇敌忾(kài)之意。申包胥听罢,连续叩了九个响头,以感谢秦国出兵相救。

在秦、楚联军的反击下,很快将吴国军队驱逐出境,收复了郢都。

申包胥回到郢都后，楚昭王要对他进行奖赏，但申包胥却说请救兵是为了楚国人民，拒受赏赐。他随即归隐山中，以度余年。

原文

秦伯使辞①焉，曰："寡人闻命矣。子姑就馆②，将图而告。"对曰："寡君越③在草莽，未获所伏④，下臣何敢即安⑤？"立，依于庭墙而哭，日夜不绝声，勺饮不入口七日。秦哀公为之赋⑥《无衣》⑦。九顿首而坐。秦师乃出。

（《左传·定公四年》）

注释

①使辞：让……离去。②子姑就馆：你暂且到馆驿去。③越：远。④所伏：安身之地。⑤即安：到安逸的地方去。⑥赋：诵。⑦《无衣》：《诗经·秦风》中的一篇。

道理

付出自己的一切，包括个人的尊严，而不求任何回报，确实难能可贵。

二、谦恭俭朴

QIANGONGJIANPU
CHUDUGUOXUE

1. 功不自居
2. 骄奢淫逸
3. 贪天之功
4. 赵衰让贤
5. 群贤让功
6. 鲁庄公修宗庙
7. 季文子的"吝啬"
8. 老母教子
9. 叔向贺贫
10. 自取败亡

1. 功不自居

故事

公元前362年,公叔痤出任魏将,率军与韩、赵两国的联军大战于浍水北岸,结果大败联军,俘虏了赵国将领乐祚。

接到胜利的消息后,魏惠王十分高兴,亲自到郊外迎接凯旋之师,并当场宣布赏给有功之臣公叔痤100万亩田地作为爵禄。

公叔痤听后,惊讶得连连倒退好几步,一再叩首辞谢,不敢领赏。他说:"能够取得战役的胜利,靠的是我军将士英勇善战和指挥决策正确。而我军之所以英勇善战,具有不避艰险、百折不挠、一往无前的斗志,这完全是吴起当年训练的方法,功绩自然应当是吴起的;在战场上,察看地形,分析敌我双方形势,提供决策方案,使三军将士心明眼亮、目标明确,是我部下巴宁、爨襄的功绩。再说,还有魏王您制定的军法,有功必赏,有过必罚,才保证了军队的战斗力。至于能够抓住有利战机,看见敌人可以进攻,就击鼓前进,不敢懈怠的,这是我的职责。大王只要为我不敢懈怠的手而赏赐我就可以了,如果认为我有功,我又有什么功劳呢?"

魏王说:"好啊,我将使所有有功将士各得其所。"

于是,魏王派人找到吴起的后代子孙,赏赐他们田地20万亩;提拔巴宁、爨襄军职的同时,各赏赐田地10万亩。

最后,魏王对满朝文武百官说:"从公叔痤此次推功及人这件事上,我们不得不承认他是一位道德高尚的长者。他既为我战胜了强敌,又不忘记贤者吴起的后代,同时也不埋没手下能人巴宁、爨襄的功绩,对于这样的人,为什么不可以给他增加赏赐呢?"

因此,魏王在原来赏赐的基础上,又给了公叔痤田地40万亩,加上以前的100万亩,就是140万亩田地。

谦恭俭朴

原文

魏公叔痤(cuó)①为魏将,而与韩、赵战浍(Kuài)北,禽②乐祚(zuò)③。魏王说④,迎郊,以赏田百万禄之。公叔痤反走⑤,再拜辞曰:"夫使士卒不崩⑥,直而不倚⑦,挠拣而不辟⑧者,此吴起馀(yú)教也,臣不能为也。前脉形坒(dì)⑨之险阻,决利害之备,使三军之士不迷惑者,巴宁、爨(cuàn)襄⑩之力也。县⑪赏罚于前,使民昭然信之于后者,王之明法也。见敌之可也鼓之,不敢怠倦者,臣也。王特为臣之右手不倦赏臣,何也?若以臣之有功,臣何力之有乎?"王曰:"善。"于是索⑫吴起之后,赐之田二十万。巴宁、爨襄田各十万。

(《战国策·魏策一》)

注释

①公叔痤:魏惠王时的名臣。②禽:通"擒"。③乐祚:赵国大将。④说:通"悦",高兴。⑤反走:小步迅速倒退。⑥崩:溃散。⑦直而不倚:整齐有序。⑧挠拣而不辟:刚毅不屈,百折不挠。辟:通"避",躲避。⑨坒:同"地"。⑩巴宁、爨襄:均为人名。⑪县:同"悬"。⑫索:寻找。

道理 全心全意为他人着想的人,自己反而会有更多的收获。

2. 骄奢淫逸

故事

春秋时代，卫国有个国君叫卫庄公，他有个儿子叫州吁(xū)。

卫庄公非常溺(nì)爱他的这个儿子，含在嘴里怕化了，捧在手上怕飞了。

州吁长大以后，由于父母的溺爱、娇惯，他非常任性，生活放荡，为所欲为，整天舞刀弄枪，到处惹是生非，看谁稍不顺眼，轻则骂，重则打。在卫国都城的普通百姓中，无论男女老少，没受到州吁打骂或凌辱的人几乎没有。卫庄公对此听之任之，从不严加管教。

卫国的老臣、大夫石碏(què)认为庄公如此放纵州吁，不但会坑害自己儿子的前途，而且还会危害国家。于是，他劝告卫庄公说："人们都说，父母喜爱孩子，就应该以道义教育他们，让他们走正道，决不能让他们走上邪路。对他们过分溺爱，就会使他们养成骄横跋扈(báhù)、奢侈腐化、荒淫无度、好逸恶劳的恶习，这些恶习一天天养成，他们也就会一步步走向邪恶的道路。做父母的责任就是要通过对子女的严加管教，帮助他们戒除或避免这些恶劣的习惯。"

卫庄公没有听取石碏的忠告，州吁因此在邪恶的道路上越走越远，人也变得越来越坏。

卫庄公病死后，太子姬完继位当国君，称卫桓公。后来，州吁杀死哥哥卫桓公，自己当了国君。

州吁非常残暴，名声很坏，遭到卫国人民的强烈反对。他篡(cuàn)位不到一年，老臣石碏联合陈国国君巧施计谋，把州吁杀死了。

卫庄公娇惯、溺爱州吁，不但坑害了自己的儿子，而且给国家带来了灾祸。

谦恭俭朴

原文

臣闻爱子，教之以义方①，弗纳于邪②，骄、奢、淫、泆(yì)③，所自邪④也。四者之来⑤，宠禄过⑥也。

（《左传·隐公三年》）

注释

①教之以义方：用道德礼法教导他。②弗纳于邪：不要使他走上邪路。邪：邪道。③骄、奢、淫、泆：骄傲、无礼、违法、放纵。泆：通"逸"，放荡。④所自邪：是走上邪路的来由。⑤四者之来：这四种恶德之所以发生。⑥宠禄过：宠爱太过分。

道理

溺爱不是真爱，溺爱其实是坑害。教育问题，绝不是小事。

3. 贪天之功

晋国在鄢(yān)陵打败了楚国之后,派大臣郤至向周王告捷,周朝的一位大臣设宴招待郤至。席间,宾主谈笑甚欢,郤至两杯酒下肚,便忘乎所以地自吹自擂起来,引起了卿士邵公的极大反感。

第二天,邵公拜见了周王的另一位卿士单襄公,说:"我来对您说一件可笑的事啊。"单襄公问:"什么事?"邵公微微一笑,说:"我昨天碰见了晋国的郤至,这是个不知天高地厚、只知往自己脸上贴金的家伙。他到处吹嘘晋国这次打败楚国,实际是由于他的谋划。可笑啊!可笑啊!"

单襄公一时来了兴趣,问:"郤至是怎么吹牛的?"

邵公微微一顿,慢条斯理地说:"郤至说如果不是他,晋国就不可能打赢这场战争。楚国有五个不利因素:违背盟约、德行浅薄、任人唯亲、拒绝讽谏、军纪松弛;晋国有五个优势:出师有理、深得民心、指挥有方、军纪严整、内外和谐,是他劝说晋王利用这五个优势才与楚国一战的。晋国的大将原来不想打,是他勉励开战的。"

单襄公一听,也笑了:"把战前的动员工作成绩都归于自己身上,是够可笑的。"

邵公说:"还有更可笑的,郤至居然攻击其他大将没有任何谋略,把功劳都算在自己头上。他说自己有勇、有礼、有仁。有勇,就是三次追逐楚军;有礼,就是遇上楚君就下车快步上前行礼;有仁,就是俘获了郑伯又释放了郑伯。他甚至说,如果让他主持晋国政事的话,楚、越等国一定会俯首称臣的。"

单襄公听了,哈哈大笑说:"还没有见过这种不知廉耻、脸皮比地还要厚的家伙。晋国的这次胜利,是上天憎恶楚国,因此让晋国来警告他。但是郤至却贪天之功据为己有,这不是太危险了吗?

故事

郤至哪里有什么三件功劳呢？他所说的仁、礼、勇，都不过是老百姓所做的。据我看来，刀已经架在了他的脖子上，他不会长久了。哈哈哈——"

果然，郤至回国后，第二年就被晋厉公杀掉了。

原文

邵公以告单襄公曰："……今夫子①见我，以晋国之克也，为己实谋之，曰：'微②我，晋不战矣！'……战而胜，是吾力也。且夫战也微谋，吾有三伐③；勇而有礼，反之以仁。吾三逐楚君之卒，勇也；见其君必下而趋，礼也；能获郑伯而赦之，仁也。若是而知④晋国之政，楚、越必朝(cháo)⑤。"……襄公曰："……晋之克也，天有恶于楚也，故儆(jǐng)⑥之以晋。而郤(xì)至佻(tiāo)⑦天之功以为己力，不亦难乎？佻天不祥，乘人不义，不祥则天弃之，不义则民叛之。"

（《国语·周语中》）

注释

①夫子：指郤至。②微：没有。③伐：功。④知：主持。⑤朝：称臣朝拜。⑥儆：警告。⑦佻：窃取。

道理

过分地贬低别人抬高自己，是一种狂妄的行为。

4. 赵衰让贤

公元前633年,晋文公组建中军(中军将为三军统帅)、上军、下军这三支军队时,有意提拔跟随自己数十年的赵衰,让他做中军元帅。而赵衰谦虚地说:"郤谷可以担任元帅。他50岁了,仍然坚持学习。他德高望重,熟悉法令,爱好礼乐,忠于民众,应该让他做元帅。"

晋文公听从了赵衰的意见,任命郤谷为中军元帅,接着又让赵衰任下军元帅,赵衰再次推辞,说:

"栾枝为人正直,办事谨慎;先轸足智多谋,勇气过人;胥臣知识渊博,才高八斗。他们都可以辅佐中军元帅,我赶不上他们。"

晋文公十分敬佩赵衰的谦让精神,就不再勉强他,任命栾枝为下军元帅,先轸为下军副元帅。后来郤谷病死了,就调任先轸为中军元帅,胥臣为下军副元帅。

组建好中军、下军的领导机构,晋文公还想请赵衰任上军元帅,赵衰第三次摆摆手说:

"应该任命您的舅舅狐偃子犯,这么多年来,他一直跟着您,立下了赫赫功劳。当初他为您出谋划策,现在又能以德治国,不可不用他。"

晋文公便任命狐偃子犯为上军元帅,后来在子犯的要求下,改任狐毛为上军元帅,这样,上军的领导机构也组建好了。

公元前629年,晋国上军元帅狐毛去世,晋文公又想让赵衰接替这个职务,赵衰第四次推辞,并推荐了先且居,同时还推荐了资历地位不如自己的箕郑、胥婴、先都。他说:

"先且居参加了四年前的城濮大战,干得很好!他在担任司马时,注意奖赏有功劳的将士,奖赏用道义协助君主的将士,奖赏表现称职的将士,执法严明,不可不重用!先且居之后,还有箕郑、胥婴、先都等人,他们都比我强。"

对赵衰的多次谦让,晋文公赞叹不已:"赵衰多次辞让,给国家推荐得力的武将,实在是国家之福啊!他不忘礼义,推广德行,有这样的人,我还有什么可忧虑的呢?"

赵衰对国君忠诚,对同事温厚,对民众慈爱,品德优良,就像冬天的太阳一般和蔼可亲,当时人们称他为"冬日"。

谦恭俭朴

原文

文公问元帅于赵衰①,对曰:"郤縠②可,行年五十矣,守学弥惇(dūn)③……"公从之。公使赵衰为卿,辞曰:"栾(luán)枝贞慎④,先轸(zhěn)有谋,胥臣多闻,皆可以为辅佐,臣弗若也。"……公使原季⑤为卿,辞曰:"夫三德者,偃(yǎn)之出也。以德纪民,其章大矣,⑥不可废也。"……狐毛卒,使赵衰代之,辞曰:"城濮之役,先且居之佐军也善⑦,军伐有赏,善君有赏,能其官有赏。且居有三赏,不可废也。且臣之伦⑧,箕(jī)郑、胥婴、先都在。"

(《国语·晋语四》)

注释

①赵衰:晋文公的功臣,曾跟随他逃亡在外19年。②郤縠:晋国大夫。③弥惇:弥,益。惇,敦厚。④贞慎:贞,正。慎,谨慎。⑤原季:即赵衰。⑥以德纪民,其章大矣:用德政治理人民,成效卓著。⑦先且居之佐军也善:先且居辅佐元帅,干得很好。⑧伦:次序。

道理

谦虚是一种品德,也是一种智慧。有这种品德和智慧的人,必然受人敬重。

5. 群贤让功

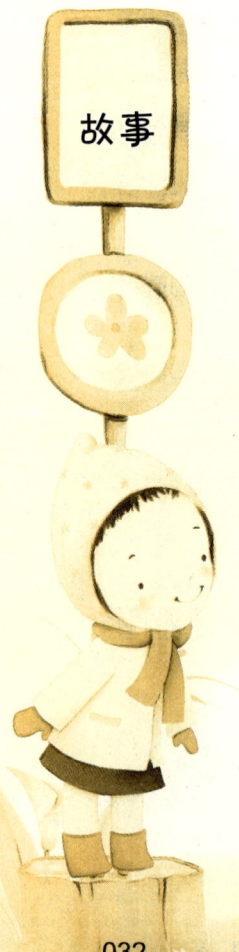

故事

公元前589年，晋、齐两国在现在的山东济南一带进行了一场大战，史称"靡笄之战"。晋军在靡笄之战中获胜后，国君晋景公十分高兴，于是亲自率领文武大臣数十人，来到郊外迎接得胜回朝的将士。

旌(jīng)旗飘扬，凯乐嘹亮，中军元帅郤献子率上、中、下三军将士，战车800乘，带着大量的战利品浩浩荡荡回来了。君臣相见，好不热闹！

在庆功宴上，晋景公首先接见了郤献子，他说："我们这次获胜，是您的功劳啊！"郤献子恭恭敬敬地回答说："我是奉主公您的指示来统率三军将士的。要说这次战斗的功劳，第一要归功于主公您，没有您的正确领导，我们就不可能瓦解齐国强大的攻势；第二要归功于将士，没有三军将士的浴血奋战，也就不可能战胜强大的齐军。战斗中，我的战车御手解张被箭射穿了手和胳臂，左边的车轮都被血染红了，但他英勇无畏，仍然一手紧握缰绳，一手猛敲战鼓，大大激励了全军的士气。我呀，哪里有什么功劳呢？"

接着，晋景公又接见了范文子，说："这次获胜，是您的功劳啊。"范文子是这次作战的上军副元帅，他足智多谋，但从不抢功。听到晋景公的赞扬，他摆摆手说："我从主帅那里接受命令，进而指挥上军将士。将士们听着鼓声，跟着旗帜，向齐军猛攻，终于大败齐军。我呀，哪里有什么功劳？"

随后，晋景公又接见了下军副元帅栾武子，说："这次胜利，是您的功劳啊。"栾武子虽然年纪大了，但还是连连鞠躬："我听从上军元帅的命令，进而命令下军的将士。将士们个个奋勇当先，打得齐军丢盔卸甲。我呀,哪里有什么功劳?"

晋景公哈哈大笑说:"你们都不要谦虚了,这次胜利,是你们大家的功劳。"

【谦恭俭朴】

原文

靡笄(jī)之役,郤献子①见公②曰:"子之力③也夫!"对曰:"克也以君命命三军之士,三军之士用命④,克也何力之有焉?"范文子⑤见,公曰:"子之力也夫!"对曰:"燮(xiè)也受命于中军,以命上军之士,上军之士用命,燮也何力之有焉?"栾(luán)武子⑥见,公曰:"子之力也夫!"对曰:"书也受命于上军,以命下军之士,下军之士用命,书也何力之有焉?"

(《国语·晋语五》)

注释

①郤献子:名克,是靡笄战役中晋军的主帅。②公:晋景公。③力:功劳。④用命:听从命令。⑤范文子:名燮,是靡笄战役中上军的副元帅。⑥栾武子:名书,是靡笄战役中下军的副元帅。

道理

在功劳面前不争不抢,而是推让,折射出的是胸怀和美德。

6. 鲁庄公修宗庙

故事

鲁庄公是鲁国第16代非常有作为的君主,他曾在长勺之战中击败了齐桓公率领的齐国军队,享有很高声望。

这一年,鲁庄公想重修他父亲鲁桓公的宗庙。一声令下,各地工匠一齐出动,采石的采石,伐木的伐木,盖房的盖房,数年之后,一座新的宗庙出现在鲁桓公宗庙的原址上,气派极了。

看着这规模宏大的宗庙,鲁庄公非常高兴。但细细检查之后,他不由得皱起了眉头,气冲冲地召来掌管工匠事务的大夫御孙庆问道:"怎么搞的?还是这样的寒酸。柱子上没有漆色,橼(chuán)子上没有雕花。"鲁庄公下令御孙庆立即召集工匠,在柱子上刷上红色的油漆,在房橼上雕上精美的花纹。

御孙庆对鲁庄公说:"大王,我们不能这样做,这太奢侈了。"

鲁庄公不悦地问:"为什么?"

御孙庆说:"我们建筑宗庙祭祀先君,目的是继承发扬先祖的美德。鲁国为什么能相传16代呢?这是因为先祖知道创业不容易,守业更不容易。他们制定了一系列的法规传给后世,使后代人能够长治久安,不陷于邪恶之中。"

鲁庄公一听,更不高兴了:"这样说来,我就邪恶了?况且那是很远的事。"

御孙庆耐心地解释道:"主公您当然不会陷于邪恶的境地。但是,以节俭为荣,这是先君的美德。先君制定的发展生产、勤俭节约的方针,是让后人发扬前人的美德,以历史的成败为借鉴,使您的君位千秋万代传下去啊。现在,像您这样大兴土木,以奢侈为荣,先君的美德就要被您抛弃了。"

鲁庄公无话可说,但还是辩解道:"现在我们国家经济发展了,有实力美化先祖的宗庙,我们还是应美化它。"

御孙庆见庄公执迷不悟,气得胡子都抖起来了:"不行啊!这样对您没有好处。我们要从长远出发,居安思危。您这样做,会废了先君的美德,还是算了吧。"

鲁庄公听不进去,拂(fú)袖走了。

过了一些年,鲁国被楚国所灭,鲁国的宗庙也不存在了。

【谦恭俭朴】

原文

庄公丹桓(huán)宫之楹(yíng)①,而刻其桷(jué)②。匠师庆③言于公曰:"臣闻圣王公之先封者,遗后之人法,使无陷于恶。其为后世昭前之令闻也,使长监④于世,故能摄固⑤不解⑥以久。今先君俭而君侈,令德⑦替⑧矣。"公曰:"吾属欲美之⑨。"对曰:"无益于君,而替前之令德,臣故曰庶可已⑩矣。"公弗听。

(《国语·鲁语上》)

注释

①丹桓宫之楹:丹,红。这里指用红漆油饰。桓宫,鲁庄公的父亲鲁桓公的庙。楹,柱。②桷:方的房椽。③匠师庆:匠师,掌管工匠的大夫。庆,匠师的名,姓御孙。④监:鉴察。⑤摄固:维护,巩固。⑥解:同"懈",懈怠。⑦令德:美德。⑧替:废。⑨吾属欲美之:吾属,我辈。美之,美化它。⑩已:止。

道理

奢侈浪费是内心欲望膨胀的外在表现,难免要招来祸端。

7. 季文子的"吝啬"

故事

春秋时期，鲁国的季文子出身于三世为相的家庭，为官三十多年，是著名的政治家、外交家。他以节俭为立身的根本，并且要求家人也过俭朴的生活。他穿衣只求朴素整洁，除了朝服以外没有几件像样的衣服；每次外出，所乘坐的车马也极其简单。他全家老小都不穿绸缎，只穿布衣；他家的骡马不喂粮食，只喂青草。当时很多人都说他"太吝啬了"。

仲孙它是鲁国上卿孟献子的儿子，也瞧不起季文子的做法。这一天，他又见季文子穿着粗陋的衣服，在马厩里用青草喂马，便上前说道："您是鲁国的上卿，辅佐过两朝国君，可以说要什么有什么。可是，您的家人不穿丝绸，您的马匹也不用粟米来喂，恐怕人们都看不惯吧。更何况您这样做，会使别国的人看不起我们。"

季文子放下手中的青草，说："我何尝不愿穿着绸缎、乘车骑马呢？可看看我国的黎民百姓，他们还有很多人衣不蔽体、食不果腹，我心中不安啊。老百姓的温饱问题还没有解决，而我却过分地讲究衣着饮食，恐怕不是我们应该做的吧。"

仲孙它不以为然，说："我还是认为您的穿着应该跟您的身份相符，您的这种生活方式，也使国家的面子不光彩啊。"

季文子对这年轻人的观点很不同意："真糊涂啊！我们国家目前还不富裕，没有必要铺张浪费。更何况我只听说过用自己的高风亮节为国家赢得荣誉的，没有听说用自己的美食良马能给国家带来光荣的。"

仲孙它还是不理解，扭头走了。季文子见仲孙它的思想还没有转过弯来，就把这件事告诉了孟献子。孟献子也是以节俭为荣的官员，他怒气冲冲地把仲孙它关了七天，又带着仲孙它到民间考察了七天，仲孙它的思想深受触动。从此以后，仲孙它的妻妾穿的也是粗布衣裳，喂马的饲料也是杂草。

季文子知道此事后，非常高兴："有过失能够改正，高出一般人之上。"就提拔仲孙它为上大夫。

在季文子的倡导下,鲁国朝野上下渐渐形成了俭朴的风气。

谦恭俭朴

原文

季文子相①宣、成②,无衣(yì)③帛(bó)之妾,无食粟之马。仲孙它谏曰:"子为鲁上卿,相二君矣,妾不衣帛,马不食粟,人其以子为爱④,且不华国乎⑤!"文子曰:"吾亦愿之。然吾观国人,其父兄之食粗而衣恶者犹多矣,吾是以不敢。人之父兄食粗衣恶,而我美妾与马,无乃非相人者乎!且吾闻以德荣为国华,不闻以妾与马。"

文子以告孟献子,献子囚之七日。自是,子服⑥之妾衣不过七升⑦之布,马饩(xì)⑧不过稂(láng)莠(yǒu)⑨。文子闻之曰:"过而能改者,民之上也。"使为上大夫。

(《国语·鲁语上》)

注释

①相:辅佐。②宣、成:鲁宣公、鲁成公。③衣:穿。④爱:舍不得。⑤且不华国乎:再说也不能显示国家的荣华。⑥子服:仲孙它字子服。⑦升:古时80缕为1升。朝服用15升,很细密,用7升来织布就很粗糙了。⑧饩:饲料。⑨稂莠:莠草秕子。

道理

节俭不是小气,更不是吝啬(lìnsè),节俭对社会对自己都是有益处的。

8. 老母教子

故事

春秋时，鲁国的公父文伯是个贵族子弟，祖上世代都袭封为"大夫"。公父文伯也继承了"大夫"的爵位，心里得意极了。

一天，当他退朝回家的时候，见母亲正在纺麻，便说道："像我们这样的人家，吃得饱，穿得暖，母亲为什么还要纺麻呢？如果让正卿季康子知道，他会笑话我不能好好地奉养大人的。"

公父文伯的母亲名叫敬姜，也是贵族出身，但她喜爱劳动。听了儿子的话，敬姜不禁惊叹道："我们鲁国快要灭亡了吧？怎么叫你这样不懂道理的孩子做官呢？你坐下，听我说！从前，圣王治理百姓，会选择贫瘠的土地，让百姓辛勤劳动，把土地耕种好。一般来说，百姓劳苦，就会想到节俭，节俭就会产生善良的心；百姓安逸，就会放荡，放荡就会丢失善心，就会产生坏心。这就是'劳思逸淫'。生活在肥沃土地上的百姓，是不会有成就的，因为太安逸了；生活在贫瘠土地上的百姓，没有一个不向往正义，是因为他们勤劳。"

公父文伯皱皱眉头："母亲，你说的是百姓，像我们这样的家庭是不会这样的。"

敬姜见儿子的思想一下子转变不过来，继续耐心地说道："事实说明，古代君王在开创基业的时候，常常是兢(jīng)兢业业，十分勤劳，可是，随着地位的变化，他们的后代渐渐放纵腐化起来，导致祖业毁于一旦。所以，不仅天子和各级官员要日夜操劳，处理国事，而且她们的家人也要纺纱织布。现在你竟然让我放弃劳动，贪图安逸，以你这样的态度做官，我担心先人的基业就要废弃了。"

后来,孔子听说了这件事,就对他的学生说:"你们都要记住这些教诲啊。"

原文

公父文伯①退朝,朝其母②,其母方绩③。文伯曰:"以歜(chù)之家而主犹绩④,惧忏(chàn)⑤季孙⑥之怒也。其以歜为不能事主乎!"

其母叹曰:"鲁其亡乎!使僮(tóng)子备官而未之闻耶⑦?居⑧,吾语女⑨。昔圣王之处民也,择瘠(jí)土而处之,劳其民而用之,故长王天下⑩。夫民劳则思,思则善心生;逸则淫,淫则忘善,忘善则恶心生。"

(《国语·鲁语下》)

注释

①公父文伯:鲁国大夫,名歜。②朝其母:向母亲请安。③方绩:正在织麻。④以歜之家而主犹绩:像我们这样的家庭,妈妈还要织麻。⑤忏:触犯。⑥季孙:即鲁卿季康子。⑦使僮子备官而未之闻耶:让你这样的孩子做官,可你没听说过做官的道理吗?⑧居:坐下。⑨女:通"汝",你。⑩长王天下:长久地统治天下。

道理

爱劳动,能勤俭,是对传统美德的继承发扬。

9. 叔向贺贫

一天，晋国的大夫叔向去拜访老朋友韩宣子。韩宣子是当时晋国的六卿之一，职位很高。但他见了叔向，不住地唉声叹气，说自己很穷。

不料，叔向听他这样说，便站起身拱手向他祝贺。

韩宣子不解地问："我空有晋卿的虚名，却没有卿的富足。我正为此发愁，你却祝贺我，这是什么缘故呢？"

叔向正色道："我就是因为你贫穷才道贺的呀！穷，不一定是坏事，只要看看栾武子三代的遭遇，就可以知道了！从前，上卿栾武子没有百人的田产，家里连祭祀的器具都不齐全，可是他能够传播美德，遵循法制，美名传遍于诸侯各国。诸侯亲近他，戎、狄归附他，因此安定了晋国，再加上他执法如山，因而避免了灾难。可传到桓子时，桓子骄傲自大，奢侈无度，贪得无厌，胡作非为，本当遭到惩罚，但靠着他父亲栾武子的美德，才躲过大难，得以善终。到怀子时，因受到父亲桓子的连累，他只好逃亡到楚国。可见，贫困未必是坏事，富贵未必是好事。"

韩宣子说："你说的栾武子家的情况，只是个别例子罢了。"

叔向驳斥道："像这样的例子比比皆是。例如郤昭(zhāo)子，他的财产抵得上晋国王室财产的一半，他家里的佣人抵得上三军的一半，他依仗财产和势力，过着奢侈腐朽的生活，可是到最后，他自身获罪被杀，他的宗族也被灭绝。这个家族有五人做大夫，三人做卿，他们的权势够大的吧？可是一旦被诛灭，没有一个人同情他们，就是因为他们贪得无厌、不讲德行的缘故！"

韩宣子十分震惊，连忙说："你这样说，我似乎明白了。"

叔向说："你有栾武子的清贫，我原本认为你能够学习他的德行，所以表示祝贺。没想到你不忧虑德行方面没有建树，却只为财产不足而发愁,我现在对你表示哀怜都来不及,哪里还会祝贺呢?"

韩宣子恍然大悟,于是下拜,并叩头说:"多谢您对我的指教,要不我连自己即将走向灭亡也不知道呢。"

谦恭俭朴

原文

叔向①见韩宣子②,宣子忧贫,叔向贺之。宣子曰:"吾有卿之名,而无其实,无以从二三子③,吾是以忧,子贺我何故?"对曰:"昔栾武子④无一卒之田⑤,其宫不备其宗器⑥,宣其德行,顺其宪则⑦,使越⑧于诸侯,诸侯亲之,戎(Róng)、狄怀之,以正晋国,行刑不疚(jiù)⑨,以免于难。……今吾子有栾武子之贫,吾以为能其德矣,是以贺。若⑩不忧德之不建,而患货之不足,将吊不暇,何贺之有?"

(《国语·晋语八》)

注释

①叔向:晋国大夫。②韩宣子:名起,晋国的正卿。③无以从二三子:不能跟那些卿大夫相比。④栾武子:即栾书,晋国的上卿。⑤一卒之田:一百顷田。一卒,一百人。⑥宗器:祭器。⑦宪则:法则。⑧越:超越国界。⑨不疚:没有弊病。⑩若:你。

道理

不应单纯追求物质上的富足,喜欢跟人攀比,说到底是病态心理作怪。

10. 自取败亡

故事

楚国令尹子常在楚国的官位高居群臣之上，但他十分贪婪。一次，蔡侯朝见楚王，佩着一块美玉，子常想要这块佩玉；唐公朝见楚王，骑着一匹宝马，子常又想要这匹宝马。二人不给，子常一怒之下，把二人软禁了两年。

这一天，楚国的大夫斗且在朝堂上遇见子常。子常问："用什么办法才能聚敛财富呢？"斗且对子常很反感，敷衍了几句就回家了。一到家，斗且就对弟弟说："楚国大概要灭亡了！或者，令尹子常本人大概不能免除祸患了。我刚才见到他，他问我如何聚敛财宝，就像饥饿的豺狼一样。"

"为什么这样说？"斗且的弟弟问。

斗且说："古时候，不管是君主，还是大臣，都以清廉为荣。他们知道，聚敛财物和马匹超过了限度，百姓的生活就不充足，就会产生反叛之心。过去的大夫斗子文，体恤(xù)百姓，三次辞去令尹的职务，家里连一天的存粮都没有。楚成王听说斗子文几乎吃了上顿就没有下顿，就预备一束干肉、一筐干粮，在斗子文上朝时送给他，但每次都遭到拒绝。所以楚庄王在位的时候，斗氏家族因故被诛杀，只有子文的后代存活了下来。"

"你说的是别人，子常又是怎样的呢？"斗且的弟弟又问。

斗且叹了一口气，说："现在的子常，是卿大夫的后代，辅佐楚君，名声很坏。百姓贫弱饥饿，一天比一天厉害。四方边境上布满了堡垒，路上饿死的人随处可见，盗贼伺机作乱，百姓无所依靠。可他对这些都不管，只顾聚敛，他招致百姓怨恨的事情太多了。积累的财物越多，蓄积的怨恨也就越大，不灭亡还等什么？"

又过了一年，那两个被软禁的蔡侯、唐公，终于被迫献出美玉、宝马，子常才把他俩放回。后来，俩人联合吴国一起伐楚，战于柏举，大败楚兵，子常逃到郑国，楚昭王逃到随国。

谦恭俭朴

原文

斗且①廷见令尹子常②，子常与之语，闻蓄货聚马。归以语其弟，曰："楚其亡乎！不然，令尹其不免乎。吾见令尹，令尹问蓄聚积实，如饿豺狼焉，殆(dài)必亡者也……今子常，先大夫之后③也，而相楚君无令名于四方，民之羸(léi)馁(něi)④，日已甚矣。四境盈垒⑤，道殣(jǐn)⑥相望，盗贼司⑦日，民无所放⑧。是之不恤，而蓄聚不厌，其速⑨怨于民多矣。积货滋多，蓄怨滋厚，不亡何待……"期年，乃有柏举之战⑩，子常奔郑，昭王奔随。

（《国语·楚语下》）

注释

①斗且：楚国大夫。②令尹：官名，是春秋时楚国最高的官职，相当于别国的正卿。③先大夫之后：子常是子囊的后人，子囊是楚恭公时的令尹。④羸馁：饥饿瘦弱。⑤盈垒：布满了堡垒。⑥殣：饿死。⑦司日：等待机会。司：同"伺"。⑧放：依。⑨速：召。⑩柏举之战：发生于公元前506年（周敬王十四年）吴国与楚国在柏举（今湖北省麻城市境内）的一场战争。此战吴国以少胜多，大败楚国。

道理

贪官们敛财的方式不同，手段有别，但他们的共同下场都是自取败亡。

三、智勇仁爱

ZHIYONGRENAI
CHUDUGUOXUE

1. 里革改信
2. 里革割网
3. 敢下油锅的叔詹
4. 五色槐树
5. 敢作敢当
6. 休戚相关
7. 一问三不知
8. 结草报恩
9. 风牛马不相及
10. 畏首畏尾

1. 里革改信

里革是鲁宣公的重臣，德高望重，刚正不阿。

这一年，莒国国君纪公因为溺爱自己的小儿子，就废了太子仆。太子仆一怒之下，杀死了自己的父亲，携带着父亲的许多奇珍异宝逃到鲁国。他把这些宝物全部献给鲁宣公，请求鲁宣公保护自己。

鲁宣公答应了太子仆的请求，提笔给正卿季文子写了一封密信："莒国的太子仆，对我们比较友好，也很敬重我。为了我，他杀死了我们的仇敌纪公，还带来了一些宝物。为此，我要重奖他，奖给他一座城邑。这个事情就交给你办，今天就办，不得违令。"

按程序，这封信要盖上里革掌管的大印，才能产生效力。当鲁宣公的仆人把密信带到里革这里时，里革呆住了，沉吟片刻，他提笔将密信作了修改："莒国的太子仆，对我们不怎么样，也不尊重我。他杀死了他的父亲纪公，还带来了一些宝物，认识不到自己的穷凶极恶，还想亲近我，他是居心叵测啊！为此，我要惩罚他，把他流放在东夷。这个事情就交给你办，今天就办，不得违令。"

第二天，季文子向鲁宣公汇报了处理的结果，宣公十分奇怪，急忙追问原因，仆人便把里革改信的事情说了，宣公大怒，把里革囚禁到死牢。

当夜，鲁宣公怒气冲冲地走进死牢，对着里革吼叫："违背君令的结果，你听说过吗？"里革挺着胸脯，高声说："何止是听说呢！"鲁宣公气得眼珠子都要瞪出来了："既然这样，你还敢改信？"里革正气凛然地说："我还听说，败坏法律的叫做'贼'，隐匿坏人的叫做'藏'，偷窃宝物的叫做'乱'，享用赃物的叫做'奸'。莒国的太子仆想让您成为大'藏'大'奸'之人，必须得赶跑他。我违背您的命令，不可不杀。"

鲁宣公猛然醒悟过来："我确实有点贪心，你做得对。"就下令释放了里革。

原文

莒(Jǔ)太子仆弑(shì)①纪公,以其宝来奔。宣公使仆人以书命季文子曰:"夫莒太子不惮(dàn)②以吾故杀其君,而以其宝来,其爱我甚矣。为我予之邑。今日必授,无逆命矣③。"里革遇之,而更其书④曰:"夫莒太子杀其君而窃其宝来,不识穷固又求自迩(ěr)⑤,为我流之于夷。今日必通⑥,无逆命矣。"明日,有司复命,公诘(jié)⑦之。仆人以里革对。公执⑧之,曰:"违命者,女⑨亦闻之乎?"对曰:"臣以死奋笔,奚啻⑩其闻之也。臣闻之曰:'毁则者为贼,掩贼者为藏,窃宝者为宄(guǐ)⑪,用宄之财者为奸。'使君为藏奸者,不可不去也。臣违君命者,亦不可不杀也。"公曰:"寡人实贪,非子之罪。"乃舍之。

(《国语·鲁语上》)

注释

①弑,杀。②惮:怕。③无逆命矣:不得违命。无,通"毋"。④书:信。⑤不识穷固又求自迩:不懂得自己被废已没了出路,还自求和我亲近。迩,近。⑥通:达。意思是今日便遣送出境外。⑦诘:责问,追问。⑧执:抓起来。⑨女:通"汝",你。⑩奚啻:何止。⑪宄:坏人。

道理

为了维护集体利益而纠正上级的偏差和错误,需要正义感和胆略。

2. 里革割网

故事

鲁宣公十分喜欢捕鱼。

这年夏天,鲁宣公正兴致勃勃地把渔网撒在泗水深处,准备捕鱼,恰好里革从泗水边走过,见到这种情景,二话没说就夺过宣公的渔网,用佩带的剑把渔网割破,并把它扔在一边。

鲁宣公怒道:"大胆,你为什么要割我的渔网?"

里革大声回答:"很简单,您这样做,是违背了古训。"

鲁宣公问:"什么古训?"

里革指着水面说道:"几千年来,古人留下了这样的经验。初春的时候,各种冬眠的昆虫开始萌动,所以负责川泽渔猎的官员,就要指导老百姓用大网和竹笼捕捉大鱼、鳖(biē)、蜃(shèn)之类,来祭祀宗庙;季春的时候,天上的飞鸟、地上的走兽正在怀孕,而鱼类已经长成,所以负责山林狩(shòu)猎的官员,就要下令禁止捕杀鸟兽,而允许捕鱼并风干储存;夏天的时候,鸟兽已经长成,而鱼类正处在孕育产子的时期,所以只允许捕鸟兽,而禁止捕鱼类。"

鲁宣公奇怪了:"这样说来,我们就不能随便打鱼狩猎了?"

里革说道:"不错。不但如此,古人还告诉我们,任何时候都不能砍伐小树、捕捞小鱼、伤害小兽等等,为的是使万物繁衍(yǎn)生长。'劝君莫打三春鸟',说的就是这个道理。现在,泗水中的鱼正在怀孕,您不但不让鱼长大,还要张网捕捞,是不是贪得无厌呢?"

鲁宣公听到这些话,明白了:"我确实有过错,幸亏里革来纠正我。"他扭头对侍立在一旁的师存说:"你把这张网收藏起来吧,好让我不忘里革的劝告。"

师存说:"与其收藏这张渔网,不如让里革留在您的身边,使您永远不忘他的劝告。"

君臣在一片欢声笑语中离开了泗水。

原文

宣公夏滥于泗(Sì)渊①,里革断其罟(gǔ)②而弃之,曰:"……今鱼方别孕③,不教鱼长,又行网罟,贪无艺④也。"

公闻之,曰:"吾过而里革匡(kuāng)⑤我,不亦善乎!是良罟也,为我得法。使有司藏之,使吾无忘谂(shěn)⑥。"师存侍,曰:"藏罟不如置里革于侧之不忘也。"

(《国语·鲁语上》)

注释

①滥于泗渊:滥,沉浸。泗,水名,在鲁国都城北。渊,深。②罟:渔网。③别孕:雌鱼离别雄鱼,进入怀孕期。④艺:限度。⑤匡:纠正。⑥谂:劝告。

道理

万物生存都有规律,凡事应按规律去办,不能随意改变。

3. 敢下油锅的叔詹

故事

公元前630年，为了洗雪当年郑国不接待的屈辱，晋文公重耳联合秦穆公出兵讨伐郑国。

郑国的烛之武用计退走秦兵后，晋文公仍不退兵，他对前来求和的郑国使者说："当年郑国失礼于我，叔詹作为大臣，没有劝说国君认清道理。如果郑国献出叔詹，我就撤兵回去。"

郑文公听了汇报，心痛如绞："叔詹是我的重臣，功劳显著，我怎么能陷他于危险之中呢？不行！"

叔詹在旁劝道："我听说，让国君担忧，是臣子的耻辱；让国君受辱，臣子应该去死。我一个人去，可以拯救百姓，安定国家，主公何必舍不得我呢？"

郑文公听了十分感动，含着眼泪送叔詹出城。

晋文公见了叔詹，咬牙切齿地大骂："你执掌国政，却使国君失礼于我，就是把你千刀万剐也不解恨。"晋文公下令支起大鼎，燃起熊熊烈火，把鼎里的油煮得沸腾，要将叔詹烹死。

叔詹面对熊熊燃烧的烈火和沸腾的油鼎，面不改色，他从容不迫地对晋文公鞠了一躬说：

"死并不可怕，请允许我把话说完了就死。"

"有什么话就快讲。"

"这是上天把灾祸降给郑国啊！当年您巡游各国的时候，曹共公对您无礼，曹共公的无礼影响到我君，使我君抛弃了礼仪而怠慢了您。对我君的无礼行为，我感到抱歉。"

"当时你干什么去了？"晋文公咆哮(páoxiào)道。

"当初您驾临我国时，我曾多次对我君说：'晋公子非常贤能，他的手下都是将相之才，如果将来回国当上国君，一定能称霸天下！到时候他会来报复我们的。'今天祸患果然来了。您怪罪我，可是我君知道我是无辜的，坚持不肯让我来，是我自己坚决请求来这里接受惩罚的,为的是拯救一国百姓。我尊敬圣明,阻止祸患,这是聪明;献身救国,亲自赎罪,这是忠诚。像我这样忠勇的人,难道还怕下油锅吗?"

叔詹气壮山河地说完,就走到油鼎旁边,大声疾呼:"从今往后,用聪明和忠心侍奉国君的人,应当引我为戒啊!"

晋文公听了,不禁肃然起敬,赶忙致歉:"我刚才只是想考验你一下而已,哪里会真的那样做啊!"

晋文公很欣赏叔詹的为人,用厚礼招待他并送他回去,同时下令撤军回国。

原文

郑人以詹(Zhān)予晋①,晋人将烹(pēng)之。詹曰:"臣愿获尽辞而死,固所愿也。"公听其辞。詹曰:"天降郑祸,使淫②观状,弃礼违亲③。臣曰:'不可。夫晋公子贤明,其左右皆卿才,若复其国,而得志于诸侯,祸无赦矣。'今祸及矣。尊明胜患,智也。④杀身赎国,忠也。"乃就烹,据鼎耳而疾号曰:"自今以往,知忠以事君者,与詹同。"乃命弗杀,厚为之礼而归之。

(《国语·晋语四》)

注释

①郑人以詹予晋:郑人把叔詹交给晋国。詹,叔詹,郑国的卿。②淫:放,这里指扩及,是说曹共公的不礼扩及郑文公。③弃礼违亲:抛弃了礼仪,背离了亲者。④尊明胜患,智也:我尊敬圣明,遏止祸患,这是聪明。明,指晋文公。胜,指遏止。

道理

为民赴难,彰显着忠勇精神,它也能让敌人折服。

4. 五色槐树

故事

春秋时期,晋国有个著名的刺客叫鉏麑,这一天却一头撞在槐树上自杀了。是什么原因让武艺高强的鉏麑自杀呢?事情还得从晋灵公说起。

晋灵公是个残酷无道的君主,他最喜欢的娱乐活动,就是坐在宫廷临街的高台上,用弹弓射百姓,看到百姓惊慌躲避或者头破血流时,他就哈哈大笑。

一次,晋灵公的厨师没有把熊掌做好,晋灵公竟然当场将厨师打死,把尸体放在大筐里,让宫女抬出去。晋国大臣赵盾看到死尸的手,问明被杀缘故,非常担忧,就屡次劝谏晋灵公。赵盾讲了很多道理,然而这位晋灵公只是表面上答应,说以后不这样做了,其实丝毫也不悔改,并且对赵盾怀恨在心。

有一天,赵盾又来进谏,晋灵公实在不耐烦了,于是派人找到鉏麑前去刺杀赵盾。

这天天没亮,鉏麑就前往赵盾家准备行刺。他前后一打量,见赵盾的院子里有一棵大槐树,于是手脚并用,一会儿便爬上大槐树。他从槐树的缝隙中望去,只见赵盾的卧室门已经打开了,赵盾早已穿好了朝服准备上朝,因为时间还早,就坐在那里打瞌睡。

看到这种情景,鉏麑握刀的手犹豫了。

过了一会,赵盾的仆人轻手蹑脚地走过来,准备搀扶赵盾上床休息一会儿,赵盾睁开眼睛,挥挥手,把仆人支走了。

看到这里,鉏麑的心里再也不平静了:"这样恭恭敬敬的大臣,是老百姓的主心骨啊!刺杀老百姓的主心骨,于国有害,于百姓有害,是不忠的行为。但是受君主之命而中途放弃,又是不守信用的行为。左右为难,进退不得,还不如死了。"

想到这里,鉏麑便跳下大槐树,一头向槐树巨大的躯干撞去。

后来，这棵大槐树开出了红、黄、粉、蓝、紫五色花朵，传说这是钼麑的精神所化，当时人们称它为多彩槐，后人又称它为五色槐，还写诗称赞钼麑："钼麑触槐壮古今，不作庸奴害忠臣。侠肝义胆人称赞，槐开五色显精神。"

原文

灵公①虐，赵宣子②骤(zhòu)③谏，公患④之，使钼麑(Chúní)⑤贼⑥之，晨往，则寝门辟⑦矣，盛服将朝，早而假寐(mèi)⑧。麑退，叹而言曰："赵孟敬哉！夫不忘恭敬，社稷之镇也。贼国之镇不忠，受命而废之不信，享⑨一名于此，不如死。"触庭之槐而死。

（《国语·晋语五》）

注释

①灵公：晋灵公。②赵宣子：晋卿赵盾，又叫赵孟。③骤：屡次，多次。④患：厌恶。⑤钼麑：晋国的力士。⑥贼：杀。⑦辟：开。⑧假寐：不脱衣帽睡觉，即打盹儿。⑨享：受。

道理

明辨善与恶，敢用生命捍卫正义，其善名能传扬千古。

5. 敢作敢当

故事

14岁的晋悼公即位后,开始挑选贤良,提拔功臣的后代。他见魏绛能严格执行军纪,便提拔他担任新军副帅。四年之后,又提升他为中军司马,负责纠察军纪。

这一天,晋悼公在鸡丘这个地方大会诸侯,想夸耀自己的地位和实力。待各路诸侯国来宾在主席台坐定之后,三军仪仗队乘着车骑,击着军乐,依次向来宾行注目礼,场面好不壮观!

突然,一匹马猛跳起来,直向主席台狂奔,整个仪仗队的秩序顿时大乱。

过了一会,随着一个人头落地,仪仗队的队列又恢复了整齐划一。

"怎么回事?"晋悼公惊问。

"报告,是杨干的车仆故意扰乱仪仗队,司马魏绛杀了杨干的车仆。"负责传命的官员汇报说。

"杨干是我的弟弟啊。我会合诸侯时,魏绛竟然杀我弟弟的车仆,简直是不把我放在眼里,我要亲手杀了他。给我把他抓住,别让他跑了。"晋悼公对一旁观阵的羊舌赤说。

"不要急!魏绛办事不怕困难,有罪不避惩罚。如果是他做错了,他绝对不会推卸责任的。"羊舌赤急忙阻止道。

话音刚落,魏绛就来了,他把一封信交给负责传命的官员后,便要抽剑自杀。见此情况,士鲂和张老这两个大臣急忙拦住了他。

那位官员把信交给晋悼公,晋悼公打开信,信上说:

"我责罚了公子杨干,没有忘记这是死罪。前些时候,主公您缺乏使唤的人,让我充当中军司马,我非常感激,不敢不尽职责。我知道,军队服从命令叫做威武,宁死不违军纪叫做敬肃。现在,主公您会合诸侯,我怎敢不忠于职守呢?所以冒着死罪,杀死扰乱队伍的人。如果主公您不高兴我这样做,我请求一死。"

看到这里，晋悼公转怒为喜，他不顾自己的鞋还没有穿上，向魏绛道歉说："我刚才讲的话，不过是兄弟之情罢了。你对杨干的处罚，是执行军队的法律，你做得对。我未能教育好我的弟弟，他触犯军礼，是我的过错。你不能死，否则会加重我的过失啊。"

会后，晋悼公又专门宴请魏绛，并提升他为新军将佐，委以重任。

原文

四年，会诸侯于鸡丘，魏绛为中军司马。公子杨干乱行于曲梁①，魏绛斩其仆②。公谓羊舌赤曰："寡人属(zhǔ)③诸侯，魏绛戮(lù)④寡人之弟，为我勿失。"赤对曰："臣闻绛之志，有事不避难，有罪不避刑，其将来辞。"言终，魏绛至，授仆人⑤书而伏剑⑥。士鲂、张老交止之。仆人授公，公读书曰："臣诛于杨干，不忘其死。日⑦君乏使，使臣狃(niǔ)⑧中军之司马。臣闻师众以顺为武，军事有死无犯为敬，君合诸侯，臣敢不敬，君不说⑨，请死之。"（《国语·晋语七》）

注释

①公子杨干乱行于曲梁：杨干，晋悼公的弟弟。乱行，扰乱了军队的行列。曲梁，晋国地名，在鸡丘附近。②仆：驾车人。③属：聚会。④戮：辱。⑤仆人：官名，负责紧急奏事。⑥伏剑：即负剑，抽剑自杀。⑦日：昔日。⑧狃：任，充当。⑨说：通"悦"，高兴。

道理

敢作而且敢当，绝不推卸责任，是凛然磊落的行为。

6. 休戚相关

这一天,单襄公家里来了一位少年。单襄公是一个神奇的人,他对周天子很忠诚,而且有先见之明。他上下打量这位少年,只见他身材修长,眉宇间透露出一股凛然的正气,单襄公知道他非同常人,忙迎进正厅,问:"公子从何地而来?来此有何贵干?"

少年长叹一声:"不瞒大人,我从晋国而来,名叫姬周,是晋襄公的曾孙,可惜我们皇族虽然家大业大,可是兄弟之间却是你争我斗。晋厉王容不下我,我只好到京城洛阳来了,愿在大人的手下当一名家臣。"

单襄公深深同情他的境遇,又见他语言得体,一举一动都很有规矩,便同意了他的要求,把他当做贵宾一样看待。

这位少年果然不同凡响,虽然年纪小,却表现得十分老成持重。他站立的时候,稳稳当当,毫无轻浮的举动;看书的时候,全神贯注,目不斜视;听人讲话的时候,恭恭敬敬,很有礼貌;待人接物时,总是十分友善和睦;自己说话时,总是忘不了忠孝仁义。

单襄公经常和他交流治国的方针,发现他知识渊博:谈到敬,必定联系到上天;谈到忠,必定出自心意;谈到信,必定说到自身;谈到仁,必定说施舍给人;谈到义,必定说对人有没有利;谈到智,必定说如何处事;谈到勇,必定说遵守法制;谈到教,必定说明辨是非;谈到孝,必定说到神灵;谈到惠,必定说到和睦;谈到让,必定说到对待地位相当的人的态度。单襄公于是更加关心他了。

有一次,单襄公又和他聊起晋国。当少年听到单襄公说晋国有什么灾难时,脸上显出悲戚的神色;听到单襄公介绍晋国有什么喜庆时,就兴高采烈。所有这些,单襄公都看在眼里,喜在心上,认为他身在洛阳,心系国家,能够与晋国同喜同悲,不忘其本,将来有可能回国接任国君,就越发敬重他了。

不久,晋国国内发生了内乱,原来一直害怕失去权力而排挤王室公子的晋厉公被杀死了。于是,晋国大夫就派人到洛阳来,把姬周接了回去,并拥立他为国君,即晋悼公,那时他才14岁。

原文

晋孙谈①之子周②适③周,事④单襄公,立无跋(bì)⑤,视无还⑥,听无耸⑦,言无远⑧;言敬⑨必及天,言忠必及意⑩,言信必及身⑪,言仁必及人⑫,言义必及利⑬,言智必及事⑭,言勇必及制⑮,言教必及辩⑯,言孝必及神⑰,言惠⑱必及和⑲,言让必及敌⑳;晋国有忧未尝不戚㉑,有庆未尝不怡(yí)㉒。

(《国语·周语下》)

注释

①晋孙谈,指晋襄公的孙子姬谈。②周:姬周。③适:到。④事:侍奉。⑤跛:一只脚做重心站着。⑥还:指眼珠子转而复返。⑦无耸:不竖起耳朵。⑧远:让远处听到。⑨敬:严肃。⑩意:意义,内容。⑪身:自身。⑫及人:推及别人。⑬利:利于人。⑭事:能处事。⑮制:合于法制,合于义。⑯辩:辨别是非。⑰神:指敬神。⑱惠:慈爱。⑲和:和睦。⑳敌:敌手,能力相当的对手。㉑戚:悲哀。㉒怡:高兴。

道理

心系祖国,与祖国同喜同悲,诠释着爱国的深情和高远的志向。

7. 一问三不知

故事

公元前468年,晋国的大夫荀瑶率大军讨伐郑国。郑国君王抵挡不住晋军的进攻,于是派人到齐国去求救。

齐国的君主平公不能容忍晋国吞并郑国因而更加强大,构成对齐国的威胁,就派大夫陈成子率军前去救援。陈成子率军到达淄(Zī)水河岸的时候,天下大雨,士卒们不愿意冒雨过河。陈成子披着雨篷,拄着兵戈,焦急地站在山坡上指挥齐军过河。战马见了滔滔的河水,吓得连连嘶叫,陈成子就拉着它走,或者用鞭子狠抽,硬逼它过河。经过一番努力,齐军安全地渡过了淄水,准备与晋军交战。

晋军统帅荀瑶见齐军军容严整,心里有点害怕,便对左右的部将说:"我占卜过攻打郑国,却没有占卜过和齐国作战。他们的军队排列得非常整齐,我们恐怕打不过他们。"部将们也赞成他的看法,主张撤兵。荀瑶一边下令撤军,一边派一位使者去齐军营地拜见陈成子。

这位使者说:"我们的统帅让我向您解释:这次晋国出兵,其实是为了替您报仇。您陈大夫这一族,是从陈国分支出来的。陈国的灭亡,实际上是郑国的罪过。所以,敝君派我来调查陈国被灭的原因,还要询问您是否为陈国忧愁。"

陈成子听了使者的话,知道这是荀瑶编造出来的谎言,十分生气地说:"欺压别人的人绝没有好下场,像荀瑶这样的人难道能够长久吗?"

晋国的使者走后,有个名叫荀寅的部将报告陈成子说:"有一个从晋军来的人告诉我说,晋军打算出动一千辆战车来袭击我军的营门,要把齐军全部消灭。"

陈成子听了,严肃地说:"出发前,我们国君命令我说:'不要追赶零星的士卒,不要害怕大批的人马。'晋军即使出动超过一千辆的战车,我也不能避而不战。你刚才竟然讲出壮敌人威风、灭自己志气的话,回国以后,我要把你的话报告国君。"

荀寅自知失言,后悔地说:"今天我才知道,自己为什么总是得不到信任而要逃亡在外了。君子谋划一件事情,对事情的开始、发展、结果这三方面都要考虑到,然后向上报告。现在我对这三方面都不知道就向上报告,怎能不碰壁呢?"

几天后,晋军撤兵,陈成子也率军回国。

智勇仁爱

原文

中行文子①告成子曰:"有自晋师告寅(yín)者,将为轻车千乘,以厌②齐师之门,则可尽也。"成子曰:"寡君命恒③曰:'无及寡,无畏众。'④虽⑤过千乘,敢辟⑥之乎?将以子之命告寡君。"文子曰:"吾乃今知所以亡。君子之谋也,始、衷、终⑦皆举之,而后入焉。今我三不知而入之,不亦难乎?"

(《左传·哀公二十七年》)

注释

①中行文子:即荀寅,晋国人,此时逃亡在齐国。②厌:这里是追击的意思。③恒:陈成子名恒。④无及寡,无畏众:不要追赶零星的士卒,不要害怕大批的敌人。⑤虽:即使。⑥辟:通"避",躲避。⑦始、衷、终:事情的开始、发展、结果。

道理

谋划一件事并想取得成功,就必须对这件事的方方面面都考虑周全。

8. 结草报恩

故事

春秋时期,秦、晋两国各自为了自己的利益,时而友好,时而交兵。

公元前594年7月,秦桓公发兵进攻晋国,派大力士杜回作先锋官,驻扎在辅氏这个地方。

晋景公任命魏颗为大将军,前去迎击秦军,双方在辅氏遭遇。

秦军屡战屡胜,士气高昂。魏颗的主要谋士说:"我们失利的根本原因是秦国有一大力士杜回,他力大无比,人称'入万马军中取上将首级如探囊取物',如果能打败他,就等于战胜了秦军。"

第二天,双方再战,魏颗采取分割包围、各个击破的战术。魏颗自己率领家兵迎战杜回,没想到这支精锐部队也抵挡不住杜回的进攻,一败涂地。魏颗撤退,杜回紧追不舍,眼看就要追上魏颗的时候,突然,路边一个老人用茅草结成的绳子来阻拦杜回,杜回竟然被绳子绊倒在地,反被魏颗所擒。

就在这个夜晚,魏颗睡得特别香甜,他梦见了这位老人。老人说:"我就是你所嫁出去那个女人的父亲,因为你执行你父亲清醒时候的决定,救了我家女儿,因此我以此来报答你。"

魏颗突然惊醒,辗转反侧,回想起当初父亲魏武子在世的时候,特别宠爱一个小妾,可惜这个小妾没有生儿子。魏武子在生病的时候,吩咐魏颗说:"等我死了以后,一定要让她再嫁人。"不久,父亲病危,又对魏颗说:"等我死了以后,一定让她陪我殉葬!"等到魏武子死后,魏颗把父亲的小妾嫁出去了。有人责怪魏颗没有执行父亲的遗嘱,魏颗说:"我怎么没有尊重我父亲呢?我是遵从他清醒时候的决定,因为人一到病重了就神志不清,就有可能乱说。"

晋君听说魏颗的事后，称赞说："魏颗真是一位德臣！"

智勇仁爱

原文

初，魏武子有嬖(bì)①妾，无子。武子疾，命颗曰："必嫁是②！"疾病③，则曰："必以为殉(xùn)④。"及卒，颗嫁之，曰："疾病则乱，吾从其治⑤也。"及辅氏之役，颗见老人结草以抗杜回。杜回踬(zhì)⑥而颠，故获之。夜梦之曰："余，而⑦所嫁妇人之父也。尔用先人之治命，余是以报。"

（《左传·宣公十五年》）

注释

①嬖：宠爱。②是：代词，她。③疾病：古人称病危为疾病。④殉：殉葬。⑤治：神志清醒。⑥踬：跌倒，绊倒。⑦而：同"尔"，你。

道理

以德为先，多行善事，他日可以收获善报。

061

9. 风马牛不相及

故事

春秋初年,齐桓公任用管仲后,国势日盛,逐渐控制了华夏诸侯。当时南方的楚国也正向北扩展,成为齐国的主要争霸对手。为了称霸天下,齐国便寻找借口向楚国进军。楚国也以武力作后盾,同齐国展开了尖锐的斗争。

公元前656年,齐桓公率领诸侯国的联军攻打楚国。

楚成王派大夫屈完到齐军中,对齐桓公说:"您住在北方,我住在南方,即使牛马发疯狂奔也不能彼此到达,我想不出您进入我国领土的理由是什么?"

齐桓公被屈完问得目瞪口呆,无言以对。

管仲接过话茬说:"从前,周王召康公命令过我们的太公说:'五等诸侯和九州长官,你都有权征讨他们,从而让他们很好地辅佐周王室。'召康公赐给我们先君可以征伐的范围是:东到东海,西到黄河,南到穆陵,北到无棣(dì)。"

屈完说:"请问我们楚国有什么罪过呢?"

管仲说:"你们应当进贡的包茅没有交纳,我们没有用来过滤酒的东西,以至无法向周王室供给祭祀敬神的酒,所以特来责问这件事;周昭王南巡没有返回,我们也来查问这件事。"

屈完回答说:"贡品没有交纳,是我们国君的过错,我们怎么敢不供给呢?至于周昭王南巡没有返回,与我们无关,是他自己掉到云梦泽里去了,这怎么能怪罪我们呢?你们若是为了查问这件事而来,那么最好还是请你们到水边去问问海神若吧。"

由于楚国大夫屈完的义正词严,据理力争,和楚国的武力作后盾,终于迫使齐国和诸侯联军与楚国签订了盟约。

原文

遂伐楚。楚子使与师言曰:"君处(chǔ)北海,寡人处南海,①唯是风马牛不相及②也。不虞③君之涉④吾地也,何故⑤?"

(《左传·僖公四年》)

注释

①君处北海,寡人处南海:北海、南海在这里并不是实指,只是说齐、楚两国相距很远。处,居住。北海,这里指北方。南海,指南方。②唯是风马牛不相及:这句话的字面意思是,即使牛马发疯狂奔也不能彼此到达。言外之意是,你在北方,我在南方,相距很远,本来互不相干。唯,句首语气词。风,指牝牡(pìnmǔ)相诱。③虞:料想。④涉:趟水而过,这里的意思是进入,委婉地指入侵。⑤故:原因。

道理

在强敌的故意挑衅面前,不能退缩忍让,要敢于据理力争。

10. 畏首畏尾

故事

春秋时期,郑国本来是个强国,后来经常受到北方晋国和南方楚国的夹击,日渐衰弱,成为一个弱小的诸侯国。

有一次,北方的强国晋国召集一些小国开会,郑国没有出席。晋国怀疑郑国要投靠南方的大国楚国,于是准备出兵,去攻伐郑国。

郑国得到了消息,就给晋国去信,反驳了晋君对郑国的无理指责,信是这样说的:

"我们郑国地小势弱,对你们晋国从来不敢怠慢,贡品礼物定期不断供奉,从来没有耽误过,实在是尊重到极点了。特别是郑穆公即位以来,和晋国一直是友好的,即使面对楚国强大的压力,也从来不敢对晋国三心二意。可是你们却还要怀疑我们,还想欺压我们,这让我们说什么好呢?"

晋君看到这里,连连点头:"这是实话!"接着看下去,发现信中的口气不一样了,变得强硬起来:

"我们郑国宁可灭亡,也不能一味忍受下去了!古人有句话说:'畏首畏尾,身其余几。'也就是说,如果前也怕,后也怕,全身还有哪个地方不怕呢?古人还说:'鹿死不择音。'也就是说,鹿临到生命危急的时刻,它就无暇(xiá)选择藏身的处所了。我们小小郑国,临到要被灭亡的时候,也会像鹿一样随便找个躲避的地方,那就是只好去投靠楚国了,那是你们逼我们不得不这样做的。大国以德相待,那小国也会很恭顺。如今贵国做事没有善恶标准,那我们面临灭亡,只好派出敝国的士兵严阵以待。今后,到底该怎么办,就听凭您的命令吧。"

晋君见郑国态度强硬,再三考虑后,觉得如果出兵的话,不一定对自己有利,便派人前往郑国,进行和谈了事。

智勇仁爱

原文

今大国①曰:"尔未逞吾志。"敝邑有亡,无以加焉。古人有言曰:"畏首畏尾,身其余几?"②又曰:"鹿死不择音(yīn)③。"小国之事大国也,德,则其人也;不德,则其鹿也,铤而走险④,急何能择?命之罔(wǎng)⑤极,亦知亡矣。

(《左传·文公十七年》)

注释

①大国:指晋国。②畏首畏尾,身其余几:前也怕,后也怕,全身还有哪个地方不怕呢?③鹿死不择音:音,通"荫"。鹿快死的时候,不选择荫庇的地方。④铤而走险:指因无路可走而采取冒险行动。⑤罔:没有,无。

道理

畏首畏尾,是怯懦的行为,注定要把事情办糟。

四、守节忠职

SHOUJIEZHONGZHI
CHUDUGUOXUE

1、西门豹治邺

2、史疾正名

3、兄弟一家亲

4、化干戈为玉帛

5、乐天知命

6、问鼎中原

7、鲔设诸除暴

8、不死之药

1. 西门豹治邺

故事

　　战国时期，魏国有个叫西门豹的人，魏文侯在位时，选派他到邺郡出任郡令。邺郡地处魏国东北边境，自然环境恶劣，治安状况复杂，几乎所有的官员都不愿到那里任职。魏文侯此次选派西门豹去那里任职，其实是寄予厚望的。西门豹呢，此时正值年轻气盛，加之才华横溢，二话没说就答应了下来。

　　临行前，西门豹特意向魏文侯辞行。魏文侯深情地勉励他说："你放心去吧，我一定会助你成功，让你成名。"西门豹顺势问道："难道成功成名也有方法吗？"魏文侯说："当然有方法了。譬如，对乡邑中的老年人，你就应该尊重他们，在众人面前先安排他们就座，而且让他们坐在醒目的位置，以此来推动敬老之风；对于那些来自外地的人，就从中聘请一些德才兼备的人，尊他们为老师；对于那些喜好掩盖别人优点、宣扬别人缺点的人，要根据事实进行考察，辨别真伪，千万不可偏听偏信。因为，很多事物给人的感觉总是似是而非的。莠(yǒu)草刚长出来时的幼苗跟庄稼地里的禾苗极其相似，骊牛的毛色像老虎，白骨好似象牙，武夫好似玉石，这些都是所谓似是而非的事物啊！你必须认真加以鉴别，才能区分出彼与此。"西门豹说："君侯放心，我知道成功成名的方法了。"说完，便起身告辞，赴任去了。

　　他初到邺城，看到这里人烟稀少，田地荒芜，百业萧条，一片冷清，后来才知道百姓是为"河伯娶妇"所困扰。邺郡屡遭水患，女巫勾结官吏假借河伯娶妇，榨取民财，百姓困苦不堪。西门豹巧妙地利用三老、巫婆等地方豪绅官吏为河伯娶妻的机会，惩治了地方恶霸势力，并颁布律令，禁止巫风，教育了广大的百姓，使原先出走的人也回到了自己的家园。同时，他又亲自率人勘测水源，发动百姓在漳河周围开掘了12条水渠，使大片田地成为旱涝保收的良田。在发展农业生产的同时,他还实行"寓兵于农、藏粮于民"的政策,很快就使邺城民富兵强,成为战国时期魏国的东北重镇。

由于西门豹治邺有方,深受人民爱戴,后人为他修祠建庙,以作祭祀。

守节忠职

原文

西门豹为邺令①,而辞乎魏文侯。文侯曰:"子往矣,必就子之功而成子之名。"西门豹曰:"敢问就功成名,亦有术乎?"文侯曰:"有之。夫乡邑老者而先受坐②之士;子入而问其贤良之士而师事之③;求其好掩人之美而扬人之丑者而参验之。夫物多相类而非也:幽莠之幼也似禾,骊(lí)牛之黄也似虎,白骨疑象,武夫④类玉,此皆似之而非者也。"

(《战国策·魏策一》)

注释

①西门豹为邺令:西门豹,西门为复姓,名豹,魏文侯时为邺令。邺,魏国邑名,在今河北临漳县邺镇。②先受坐:指年老的人在众人之前先安排就座。③师事之:用对待师长的礼节来对待他们。④武夫:武夫就是武趺(fū),一种似玉的石头。

道理

生活中总有一些似是而非的东西经常模糊着我们的视线,只有廓(kuò)清是非,才能认识其本来面目。

2. 史疾正名

故事

战国时期，楚国官员渎(dú)职，盗贼四起，尤其在楚、韩两国交界处的盗贼更是猖獗(chāngjué)至极，他们无论夜晚还是白天，登门入户，如入无人之境。韩国边民不堪其扰，纷纷抛家舍业搬入内地，大片良田荒芜，韩国为此遭受严重的经济损失。韩王对此非常无奈，便派史疾出使楚国。

史疾，是道家的代表人物列御寇（又称列子）的学生，深得列子真传，在当时已是小有名气。他到楚国后，立即受到楚王的接见。

一番礼节性的寒暄之后，楚王问道："先生现在研究什么学问啊？"史疾回答说："我正在研究列御寇的学问。"楚王又问："列御寇学说的主张是什么呢？"史疾说："主张正名。"楚王不解地问："什么是正名呢？"史疾说："所谓正名，就是名与实、概念与实质、职位与工作一定要相称。"通过史疾这么一解释，楚王显然来了兴趣，他试探性地问道："这个主张可以用来治理国家吗？"史疾不容置疑地答道："当然可以。"

楚王想了想又问："楚国目前盗贼很多，用它可以防范盗贼吗？"史疾果断地答道："当然可以。"楚王又迫不及待地问道："请问先生，怎么用正名来防盗呢？"

这时正好有只喜鹊飞来停在屋顶上，史疾说："请问你们楚国人把这种鸟叫什么？"楚王说："叫喜鹊。"史疾又问："叫它乌鸦行吗？"楚王说："不行。"史疾说："现在大王的国家设有柱国、令尹、司马、典令等官职，任命官吏时，一定要求他们廉洁奉公，能胜任其职。现在盗贼公然横行却不能加以禁止，就因为各个官员不能胜任他的职位,这就叫做:'乌鸦不称其为乌鸦,喜鹊不称其为喜鹊啊!'"

楚王大喜过望,接连说道:"我明白先生的意思啦,我明白先生的意思啦。"

原文

史疾为韩使楚,楚王问曰:"客何方所循①?"曰:"治列子圉(yǔ)寇②之言。"曰:"何贵③?"曰:"贵正④。"王曰:"正亦可为国乎?"曰:"可。"王曰:"楚国多盗,正可以圉盗乎?"曰:"可。"曰:"以正圉盗,奈何?"

顷间,有鹊止于屋上者,曰:"请问楚人谓此鸟何?"王曰:"谓之鹊。"曰:"谓之乌可乎?"曰:"不可。"曰:"今王之国,有柱国、令尹、司马、典令,其任官置吏,必曰廉洁胜任。今盗贼公行而弗能禁也,此乌不为乌,鹊不为鹊也。"

(《战国策·韩策二》)

注释

①何方所循:研究哪方面的学问。方,术。②列子圉寇:就是列御寇。圉,又作"御"。③贵:主张。④正:正名。

道理

任职做事,要忠于职守,把自己分内的事情做好。

3. 兄弟一家亲

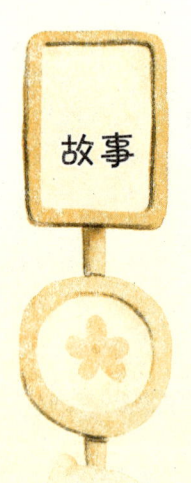

晋公子重耳,是一个厚重仁义的人。他在外四处逃亡的十几年里,备尝艰辛。

这一天,正值风雪交加,重耳途经郑城,请求进城。得到守城士兵的禀报后,郑文公对正卿叔詹说:"这个重耳,背叛他的父亲而到处流亡,可谓不忠不孝,我们不必理他。"

叔詹说:"不能这样做,我们应该以国宾的礼节来迎接他。"

郑文公疑惑地问:"为什么?"

叔詹劝谏说:"我听说,如果做到亲近上天支持的人,听从先王的教导,对兄弟国家以礼相待,对处境困难的人及时救助,老天就会赐福。重耳有三大福相:第一,出身高贵,处世低调;才能出众,举止得体。第二,外有贤名,民心所向;虽处逆境,心志刚强。第三,注重修养,富有魅力;良将众多,如影随形。重耳有此三助,一定会成为国君。请您以礼迎接。"

郑文公不以为然:"重耳已年近60,还有啥作为?"

叔詹说:"从历史角度看,我们也应该救助他。郑国和晋国本来就是兄弟国家,郑国的先君郑武公,晋国的先君晋文侯,曾经同心协力捍卫周王室,辅助周平王。周平王曾经拉住他俩的手,赐给他们盟书,说'希望你们世世代代互相扶持',这些话,难道您忘记了吗?"

郑文公不高兴了:"记得这些又有啥用?"

叔詹说:"如果说,应该亲近上天保佑的人,那具有福相的重耳,就是最受上天保佑的;如果说,应该听从先君的教导,那郑武公和晋文侯的功业,就是先君的教导;如果说,应该对兄弟国家以

礼相待,那郑、晋两国同姓,又有周平王的遗命,就是兄弟国家了;如果说,应该对处境困难的人及时救助,那重耳这十几年周游列国,就是处于逆境了。兄弟一家亲啊!我们要帮助他。如果抛弃了上面四条原则,我们会招致祸患的,请您考虑考虑。"

郑文公还是不听,让紧闭城门。重耳无奈,只得绕过郑城,前往楚国去了。

原文

公子过郑,郑文公亦不礼①焉。叔詹(zhān)②谏曰:"臣闻之,亲有天,用前训,礼兄弟,资穷困,天所福也……若亲有天,获三祚(zuò)③者,可谓大天,若用前训,文侯之功,武公之业,可谓前训。若礼兄弟,晋、郑之亲,王之遗命④,可谓兄弟。若资穷困,亡在长幼,还(xuán)轸(zhěn)⑤诸侯,可谓穷困。弃此四者,以徼(jiǎo)天祸⑥,无乃不可乎?君其图之。"弗听。

(《国语·晋语四》)

注释

①不礼:不以礼接待。②叔詹:郑国大夫。③祚:福。④遗命:指"世世代代互相扶持"的盟约。⑤还轸:指乘车周历诸国,遭遇厄困。轸:车后边的横木。⑥以徼天祸:会招致天祸。徼:求取。

道理

在别人困苦的时候,伸出援助之手帮扶一把,这是做人的基本信条。

4. 化干戈为玉帛

故事

晋国的北方，散居着许多少数民族游牧部落，他们被统称为戎狄。戎狄经常出兵侵扰晋国边境地区，晋国常发兵征讨。

公元前569年，无终部落的首领嘉父派使者孟乐，带着大量贵重的礼品来找晋国的大夫魏绛，托他引见晋悼公请求晋国与各个戎国结盟讲和，第二天，魏绛面见晋悼公说明此事，晋悼公却不同意，说："戎狄不讲恩义而且十分贪婪，我们不如讨伐他们。"

魏绛劝谏说："对戎狄用兵，我们会失掉中原各国，即使获得成功，也像得到禽兽而失去人一样，很不合算。用武力解决问题不是上策。"

晋悼公觉得这确实是一个问题，年年对戎狄用兵，劳民伤财，却收效不大，于是问："那么有什么好办法呢？"

魏绛胸有成竹地说："我们应该与戎狄讲和。讲和有三个好处：第一，可以利用游牧民族轻视土地、重视财货的习俗，给予他们财货，换得他们的土地；第二，与戎狄和好，没有了战争，边疆一带的民众就可以安居乐业，发展生产；第三，戎狄如果归附并且侍奉晋国，四邻各国就会受到震动，从而听命于晋国。我们采用以德服人的办法，保持长久的安宁和睦局面，能够使军队得到休息，实力得到保存。"

晋悼公虽觉有理，但又不愿立刻讲和。

魏绛说道："对戎狄用兵，我们会陷于南北两线作战的泥淖(nào)中。现在中原各国经常受楚国欺凌，往往被迫屈服，他们盼望着晋国去援助。如果我们对戎狄用兵，万一中原有事，我们还有什么力量去对付楚国呢？"

晋悼公被说服了，就采纳了魏绛的意见，并且派他主管"和戎"事务。魏绛奉命到北方戎狄各部去，与戎狄缔结了互不侵犯的盟约。从此,晋国基本上解除了后顾之忧,力量更加强大了。

原文

守节忠职

五年①,无终子嘉父②使孟乐③,因魏庄子④纳虎豹之皮以和诸戎。公曰:"戎、狄无亲而好得,不若伐之。"魏绛曰:"劳师于戎,而失诸华⑤,虽有功,犹得兽而失人也,安用之?且夫戎、狄荐处⑥,贵货而易土⑦。予之货而获其土,其利一也;边鄙(bǐ)⑧耕农不儆(jǐng)⑨?其利二也;戎、狄事晋,四邻莫不震动,其利三也。君其图之!"公说⑩,故使魏绛抚诸戎,于是乎遂伯⑪。

（《国语·晋语七》）

注释

①五年:晋悼公五年。②无终子嘉父:无终,戎族的一个国名。子,春秋时对文化落后国家的君主的称呼。嘉父,无终国君的名字。③孟乐:无终国一位大臣的名字。④因魏庄子:因,通过。魏庄子即魏绛。⑤华:华夏,指中原地区文化较发达的国家。⑥荐处:生活在草原上。荐:草。⑦易土:轻视土地。易,轻。⑧边鄙:边疆。⑨儆:警戒。⑩说:通"悦"。⑪伯:通"霸",称霸。

道理

解除后顾之忧,才能集中全力向主要方面努力,取得更大成就。

5. 乐天知命

故事

郏文公，是春秋时期郏国比较有作为的国君之一，以德政著称，在位时间长达52年。

郏文公所处的时代，大国争霸，战争频繁。势单力薄的郏国夹在齐、楚、宋、鲁之间，经常受到战争的威胁，尤其受鲁国的威胁更大，随时都有覆灭的危险。为了应付这种局面，郏文公曾与宋国结盟，共同对抗大国的侵犯。

为雪耻复仇，郏国还主动出兵攻打鲁国。双方在升陉这个地方作战，鲁国鄙视郏国，没有设防，结果大败。郏国兵士获得鲁僖公的头盔，悬于城门之上，以灭鲁国的威风。

郏文公对郏国的最大贡献就是迁都。郏文公的晚年，健康状况欠佳，但迁都已成为郏国存亡攸关的大事，迁都于绎山之阳是郏文公顺乎民心之举。然而卜辞上说，迁都有利于民，而有害于君，将会使君王短命。当时的人是很相信占卜的，大臣们非常担心郏文公的身体，纷纷劝阻文公不要迁都。

郏文公却说："上天树立了君，就是为了替民谋利，至于我的生命如何，这是天意，如果迁都有利于民，就迁吧，没有比这更吉利的了。"

公元前614年，他毅然将国都由訾（zī）娄迁至绎山之阳。

绎山之阳，地理形势优越，易于防守；周围河流纵横，适宜于农业生产的发展。郏文公迁新都后，减少了战乱的威胁，郏国经济也得到了迅速发展。

不久，郏文公真的病死了。这虽是巧合，但郏文公能把人民利益放在个人利益之上，只要对人民有利，虽然有可能影响他的生命也在所不惜,在当时是难能可贵的。人们称赞邾文公是真正懂得乐天知命的人。

后人颂扬邾文公的迁都功绩,留下了不少诗篇,并在绎山建了邾文公祠,以供奉祀。

原文

邾(Zhū)①文公卜迁于绎(Yì)②,史曰:"利于民而不利于君。"邾子曰:"苟③利于民,孤④之利也。天生民而树⑤之君,以利之也。民既利矣,孤必与焉。"左右曰:"命可长也,君何弗为?"邾子曰:"命⑥在养民。死之长短,时⑦也。民苟利矣,迁也,吉莫如之!"遂迁于绎。

五月,邾文公卒。君子曰:"知命⑧。"

(《左传·文公十三年》)

注释

①邾:春秋时期称为邾国,战国时期改称邹国。②绎:地名,在今山东省邹县东南。③苟:如果。④孤:封建时代侯王对自己的谦称。⑤树:设置。⑥命:意为活着的价值,活着的责任。⑦时:时机,机会,这里是偶然的意思。⑧知命:懂得天命。

道理

把人民的利益放在第一位,一切为人民着想,自然会受到人民的拥戴。

6. 问鼎中原

故事

九鼎，是传说中先秦时期的传国宝器，代表着中央政权的权威，相当于现在的国旗、国徽，是国家尊严的象征。

大禹完成治水后，将天下划分为九州，并收集各州的青铜铸成九只大鼎，各鼎之上刻有各州的地理情况、贡赋定数以及代表物种等等。据传说，每鼎有千钧之重，约合 7.5 吨。

东周开始后，周朝王室衰落，各诸侯开始觊觎(jìyú)王权。周定王时，楚庄王首次"问鼎之轻重"，接着众诸侯都制定策略，希望能夺得九鼎以号令天下。

公元前 606 年，楚庄王把队伍开拔到洛阳近郊，讨伐当地的戎、狄。战争结束，他就在周王朝都城附近检阅三军，实际上是在周王朝的直辖地域陈兵示威，大有取周王室而代之的意思。

周定王派大夫王孙满前去慰劳楚庄王。王孙满虽然年轻，却表现出了卓越的外交才能和成熟个性。他来到楚庄王军里，楚庄王问他："你来得正好，我在楚国听说，大禹从前铸了九鼎，三代相传，现在是你们洛阳城里的镇国之宝，但不知这鼎有多大？有多重？"

王孙满回答说："我们大周朝所看中的是德行，而不是鼎的大小、轻重。从前，大禹的夏朝很有德，于是诸侯进贡青铜，铸成九鼎，象征九州。鼎上面刻有鬼神风物，镇妖压魔，驱邪避灾，以保佑人民不受魑(chī)魅(mèi)魍(wǎng)魉(liǎng)这些鬼怪的侵害。夏朝末年，夏桀(Jié)昏庸，失去了德，于是鼎迁到商朝人手里，保佑了商朝 600 年宗嗣(sì)。后来，商纣王暴虐，鼎迁于我大周，将九鼎安放在太庙之中。周成王占卜得知，上天保佑我们要传 30 代周王，700年基业。现在周德虽衰，但天命还未改。鼎的大小、轻重，不是你随便可以问的。"王孙满一席绵里藏针的话，把楚庄王说得自讨没趣。

这就是楚庄王"饮马黄河，问鼎洛水"的故事。

守节忠职

原文

定王使王孙满劳①楚子。楚子问鼎(dǐng)②之大小、轻重焉。对曰："在德不在鼎③。昔夏之方有德也，远方图物④，贡金九牧⑤，铸鼎象物⑥，百物而为之备，使民知神、奸。"

（《左传·宣公三年》）

注释

①劳：慰劳，犒赏。②问鼎：相传夏禹所铸九鼎，夏、商、周三代传为国宝，楚子问鼎有觊觎周王室之意。③在德不在鼎：鼎的大小、轻重在于德行而不在于鼎本身。④远方图物：用图画远方各种物象。⑤贡金九牧：即天下向周王室进贡青铜。金，青铜。九牧，九州，用来指代天下。⑥铸鼎象物：以九州所贡之铜铸为九鼎，并将各种奇异事物铸在鼎上。

道理

财物或许可以强抢，德望却存于人心，是强抢不来的。

7. 鱄设诸除暴

故事

吴王僚(Liáo)是一个贪得无厌、残暴成性、反复无常的国君，因此国人苦不堪言。

公元前515年，他看到楚国因楚平王去世，举国哀痛，就趁机攻打楚国。他一面派遣两员大将进攻楚国，一面派遣使节到各诸侯国探访和问候，以观察各诸侯国的反应。

这时，早有打算除暴安良的公子光觉得时机成熟，就招来壮士鱄设诸说："我是法定的王位继承人，看到我们吴国国势日衰，心里很难过。历史的重任落在我的肩上，请您为我除掉吴王僚。"

鱄设诸说："可以，我只有一事相求，我死后，请您替我照看好我的老母和幼子。"

公子光说："只管放心去干吧，国人不会忘记你的。"

这年四月，公子光宴请吴王僚，并在地下室里埋伏了武士。吴王僚自知自己的王位是通过不正当手段得来的，因此，向来异常谨慎。

吴王僚派武士坐在宴会厅道路的两旁，一直到大门口。走道、台阶、门口和坐席旁全是吴王僚的亲兵，他们拿着兵器在吴王两旁护卫。进献食物的人们都要在外面脱光衣服，改换简易的服装，再双膝着地匍匐(púfú)行进。拿剑的人在两旁夹着进献食物的人，然后把食物递给吴王最亲近的人送上餐桌。

宴会将毕，公子光假装脚疼，就离席进入了地下室。他看了一眼鱄设诸，鱄设诸领会了他的意思。

鱄设诸把短剑放进鱼肚子里端了上去。正当接食物的人准备来接时，他迅速抽出短剑刺向吴王僚，吴王僚当场毙命。与此同时,吴王卫兵的剑也交叉刺进了鱄设诸的胸部。就这样,鱄设诸完成了自己的使命,以身殉国。

这个故事比荆轲刺秦王还要早三百多年。

守节忠职

原文

夏四月,光①伏甲於堀(kū)室②而享③王。王使甲坐于道及其门。门、阶、户、席,皆王亲也,夹之以铍(pī)④。羞⑤者献体改服⑥于门外,执羞者坐行⑦而入,执铍者夹承之,及体,以相授也。光伪足疾,入于堀室。鱄(Zhuān)设诸⑧寘(zhì)⑨剑于鱼中以进,抽剑刺王,铍交于胸,遂弑(shì)⑩王。

(《左传·昭公二十七年》)

注释

①光:吴国公子,后来的吴王阖庐。②堀室:地下室。③享:宴请。④铍:用刀鞘装的剑。⑤羞:进献食品。⑥献体改服:献体,呈现身体,也就是赤身露体。改服,改换检查过的服装。⑦坐行:膝行。⑧鱄设诸:人名。⑨寘:"置"的异体字,放置。⑩弑:杀。

道理

多行不义之事,必然遭到报应。不是别人制裁他,而是他自绝于人。

8. 不死之药

故事

楚王生日那天,文武百官个个都备着一份厚礼,接二连三、陆陆续续地赶往王宫,给楚王庆贺华诞。王宫内外一派喜庆景象。接待人员满脸堆笑,进进出出,忙得不可开交。因为今天送贺礼的人特别多,除了文武百官,还有王公外戚、社会贤达。侍卫则不停地穿梭于来来往往的人流之中,严防不法分子趁机作乱,危及参加庆典者的人身安全。

生日庆典即将开始时,有一个身着黑色礼服的神秘客人闯进王宫,说有保楚王万寿无疆的不死之药献给楚王。人们纷纷议论:"这将是献给楚王生日的最好礼物。"接待人员赶紧从那神秘客人手中接过一小瓶状如胡椒的黑色药丸,转身就往里送,侍卫急忙拦住问道:"这东西可以吃吗?"

接待人员不假思索地回答说:"可以吃。"

于是,侍卫便把装有不死之药的小瓶子夺过来,迅速拧掉瓶盖,把药丸倒进嘴里吃掉了。楚王闻知大怒,立即派人把这个侍卫抓了起来,准备处以死刑。

侍卫在大牢中托人对楚王说:"我问过接待人员,他说'可以吃',所以我才把不死之药吃了,这说明罪在接待人员身上。再说,客人献的是不死之药,而我吃了,君王却要杀我,说明这是一种害人的死药,是客人在欺骗君王。我没有罪啊。"

楚王思考再三,决定不杀这个侍卫了。

守节忠职

原文

有献不死之药于荆王①者,谒(yè)者②操以入。中射之士③问曰:"可食乎?"曰:"可。"因夺而食之。王怒,使人杀中射之士。中射之士使人说(shuì)④王曰:"臣问谒者,谒者曰可食,臣故食之。是臣无罪而罪在谒者也。且客献不死之药,臣食之而王杀臣,是死药也。王杀无罪之臣,而明⑤人之欺王。"王乃不杀。

(《战国策·楚策四》)

注释

①荆王:即楚襄王。②谒者:官名,为国君掌管传达、接待任务的人。③中射之士:负责安全保卫的宫廷侍卫官。④说:劝说。⑤明:表明。

道理

狡辩是一种短暂的智慧,一时勉强可用,一生则不可用。

五、谏言纳言

JIANYANNAYAN
CHUDUGUOXUE

1. 秦王与中期争论
2. 门庭若市
3. 孟尝君纳谏
4. 劝说张相国
5. 南辕北辙
6. 鹬蚌相争
7. 民怨不能堵
8. 一饭三叹
9. 叔向智谏
10. 鞋子便宜
11. 扁鹊见秦武王
12. 众志成城

1. 秦王与中期争论

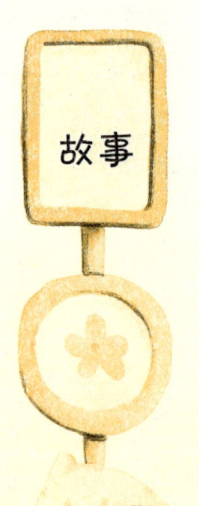

秦昭王是秦国历史上最有作为的国君之一。他在位的 56 年间，平蜀伐楚，击韩、赵、魏。

公元前 266 年，昭王拜范雎为相，改行远交近攻的策略，占领和蚕食了东方六国大片国土，使楚国国土缩小一半，魏国和韩国国土缩小 2/3，赵国国土缩小 1/3，并不断离间六国关系，又在公元前 256 年灭亡东周。其在位后期，秦国实际控制的国土面积已经超过东方六国的总和。

可以这样说，没有秦昭王也就没有后来秦国的统一。

就是这样一位卓有建树的国君，在处理政务与君臣交往中也难免会遇到一些不顺心的事情。

他手下有一位大臣名叫中期，此人刚正秉直，凡事直言敢谏，经常弄得秦昭王下不了台。

有一次，秦昭王召集朝臣议事，他首先提出自己的主张，然后听取朝臣们的意见，众大臣几乎异口同声地附和："大王说得极对。"只有中期提出不同意见，并与他展开辩论，结果让他理屈词穷。他不禁勃然大怒，可中期却不卑不亢、从容不迫地拂(fú)袖而去，这显然让他极其难为情，当时都有杀掉中期的想法。

眼看秦昭王和中期因争论而使双方关系陷入僵局，这无疑将对中期极为不利，甚至有可能引来杀身之祸。大臣中有佩服中期胆识和才干的人，就替中期向秦昭王辩解道："这个中期呀，可真是个直言无忌的人，幸亏碰到大王您这样贤明的君主，他要是生

在夏桀、商纣时代的话,必死无疑。"

秦昭王一听,怒气顿消,竟然没有怪罪中期。

一个君臣之间的矛盾就这样化解了,一场可能出现的悲剧也就这样消除了。

原文

秦王与中期争论,不胜。秦王大怒,中期徐行而去。或为中期说秦王曰:"悍(hàn)①人也,中期适②遇明君故也。向者遇桀、纣,必杀之矣。"秦王因不罪。

(《战国策·秦策五》)

注释

①悍:蛮横。②适:刚好,正好。

道理

看似不经意间的一两句话,或可化解矛盾,或可激化矛盾,其作用不可轻视。

2. 门庭若市

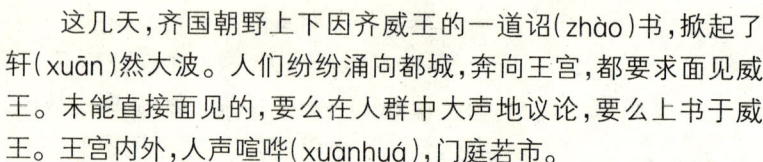

这几天,齐国朝野上下因齐威王的一道诏(zhào)书,掀起了轩(xuān)然大波。人们纷纷涌向都城,奔向王宫,都要求面见威王。未能直接面见的,要么在人群中大声地议论,要么上书于威王。王宫内外,人声喧哗(xuānhuá),门庭若市。

那么,齐威王究竟下了一道什么诏书,为什么要下这道诏书呢?这话还得从头说起。

齐威王手下有位大臣叫邹(zōu)忌,身材颀(qí)长,仪表俊美。一天早晨,他穿好衣服,戴好帽子,一边对着镜子端详,一边对他的妻子说:"我跟城北徐公比,谁美?"妻子说:"你太美了,徐公怎能比得上你呢!"城北徐公是齐国的美男子,邹忌不相信自己比徐公美。第二天,家里来了一位客人,他又对客人说:"我和徐公比,谁美?"客人说:"徐公可不如你美啊!"次日,徐公来了,邹忌仔细端详一番,自认为不如徐公,又对着镜子照了照,觉得相差很远。晚上,他睡在床上琢磨:"妻子说我美,是因为她偏爱我;客人说我美,是因为他有求于我。"

第二天,邹忌上朝拜见威王,说:"我明明知道自己不如徐公美,我的妻偏爱我,我的客人有求于我,他们便都说我比徐公美。现在齐国土地方圆千里,有120座大大小小的城市,王室内外官员向着大王、偏爱大王,全国人民都有求于大王。由此看来,大王受蒙蔽实在太深了。"威王说:"好,我知道该怎么办了。"于是下诏书:"文武大臣,官吏百姓,能当面指出我的错误的,给上赏;书面提出劝谏的,给中赏;在大庭广众之中议论批评我,传到我耳朵里的,给下赏。"这道诏书一颁布,便出现了本文开头描述的场景。

齐威王通过这种形式,广泛了解民情民意,积极吸收采纳各方面意见和建议,致力于修明政治,发展经济,保障民生。仅仅一年,老百姓就再也无话可说了,齐国也因此变得越来越富强。

燕、赵、韩、魏等国知道后,都来朝拜齐国。齐国不用兵,却在诸侯间打了大胜战。

原文

令初下,群臣进谏(jiàn)①,门庭若市②。数月之后,时时而间(jiàn)进③。期(jī)年④之后,虽欲言,无可进者。燕、赵、韩、魏闻之,皆朝于齐⑤。此所谓战胜于朝廷。

(《战国策·齐策一》)

注释

①谏:直言规劝。②门庭若市:(王宫)门口热闹得就像集市一样。③时时而间进:偶尔有人进谏。④期年:一年。⑤皆朝于齐:都来朝拜齐国。

道理

虚心接受别人的意见,会使自己远离错误,走向成功。

3. 孟尝君纳谏

故事

孟尝君,齐国宗室大臣,战国时期有名的四公子之一。

他在薛邑继承了父亲田婴的爵位,招揽各诸侯国的宾客,宁肯舍弃家业也给他们丰厚的待遇,因此使天下的贤士无不倾心向往。

他的食客有几千人,待遇不分贵贱一律与他相同。每当他接待宾客,与宾客座谈时,总是在屏风后安排侍史,让其记录自己与宾客的谈话内容,记载所问宾客的住处。宾客刚刚离开,他就派使者到宾客家里抚慰问候,献上礼物,贤士们因此有很多人都情愿归附他。但也有例外的时候。

孟尝君食客中有个人笨手笨脚,几次安排给他的事情都被他做砸了。孟尝君因此很瞧不起他,就和谋士鲁仲连说想把他赶走。

鲁仲连说:"贤公有所不知,猿猴如果离开树木浮游水面,它们的动作肯定没有鱼鳖灵敏;要说经过险阻、攀登危岩,良马也赶不上狐狸。曹沫手提三尺长剑,万夫难挡,假如叫曹沫丢下他的三尺长剑,让他改拿耕田的锄耙,和农夫一样在田里工作,那他连一个农夫都不如。由此可见,一个人如果舍弃他的所长,改而使用他的所短,即使是尧、舜这样的圣人也有做不到的事,别说一般的平庸之人了。如今您不能用人所长,让人干他不会干的,却说别人没有才能;叫人做他不擅(shàn)长的事,他做不了,就说他愚笨。认为他愚笨就罢免他,认为他无才就抛弃他,假使人人都驱逐抛弃那些不能共处的人,将来那些被放逐的人必然逃往国外,并且谋害我们,以报往日的怨恨,这难道不是为以后的事开了一个坏头吗?"

孟尝君感慨地说:"还是先生看得远啊!"
于是,孟尝君决定继续留下这个食客。

原文

孟尝君有舍(shè)人①而弗悦,欲逐之。鲁连②谓孟尝君曰:"猿猕(mí)猴错木据水③,则不若鱼鳖;历险乘危④,则骐骥(qíjì)⑤不如狐狸。曹沫⑥之奋三尺之剑,一军不能当;使曹沫释其三尺之剑,而操铫(yáo)耨(nòu)⑦,与农夫居垅亩之中,则不若农夫。故物舍其所长,之其所短,尧亦有所不及矣!今使人而不能,则谓之不肖⑧;教人而不能,则谓之拙。拙则罢之,不肖则弃之。使人有弃逐,不相与处,而来害相报者,岂非世之立教首⑨也哉!"孟尝君曰:"善。"乃弗逐。

(《战国策·齐策三》)

注释

①舍人:官名,战国时王公贵族都有舍人。②鲁连:即鲁仲连,齐国人。③错木据水:舍弃树木,呆在水里。④历险乘危:身处狭窄的小路和高高的悬崖。⑤骐骥:骏马。⑥曹沫:鲁庄公的武士,十分骁勇。⑦操铫耨:拿起锄头、耙头。铫,古代的一种大锄。耨,古代锄草的器具。⑧不肖:不才,不贤。⑨立教首:给树立教化开了个坏头。

道理

人无完人,金无足赤。用人的关键在于扬其长,避其短。

4. 劝说张相国

张相国,本是魏国人,被赵王任命为赵国的宰相,但他难舍故国之情,张口闭口总是魏国人如何如何好,赵国人如何如何不好。因此,赵国人对这个魏国来的宰相并无好感,张相国也多次抱怨说赵国人对他感情淡薄,不够友好。这样一来,他对赵国人也就显得不冷不热,他越是这样就越令赵国人反感。

有一次,张相国竟然在公开场合指责赵国人的诸多不是,并且还说了一些贬损赵国的过激言辞,遭到了赵国人的围攻,要不是卫兵及时赶到,后果真是不堪设想。

经过这件事情之后,张相国就越发讨厌赵国人,赵国人也越发讨厌他。眼看这种官民对立的情绪一步步高涨,如不及时加以平息,就可能引发进一步的冲突。

朝中的一位大臣对张相国说:"您怎么能对赵国人感情淡薄,而要求他们对您感情深厚呢?您怎么能讨厌赵国人,而要求他们喜爱您呢?胶和漆是最粘的东西,但不能把两个距离很远的东西黏合在一起;大雁的羽毛最轻,但不能自己举起自己,只有借着清风才能飘行于四海。所以,即使是任何一件很简单的事情,要能成功,总得借助于客观条件。现在赵国是万乘的强国,前有漳、滏二水,右有常山,左有河间,北有代郡,战士百万,曾遏制强齐,四十多年间秦国也不能为所欲为。由此看来,赵国在诸侯中并不是一个无足轻重的国家。可现在您身为赵国的宰相而轻视强大的赵国,羡慕不可预料的弱国魏国,我实在不敢苟同。"

一番话说到了张相国的痛处。张相国说:"好,我知道今后该怎么做了。"

从此以后，他在大庭广众之中总要说到赵国人的长处，总是要赞扬赵国习俗的美好，赵国人对他也有了好的看法。

原文

说(shuì)①张相国②曰："君安能少赵人，而令赵人多君？君安能憎赵人，而令赵人爱君乎？夫胶漆，至黏(nián)也，而不能合远；鸿毛，至轻也，而不能自举；夫飘于清风，则横行四海。故事有简而功成者，因③也。今赵，万乘之强国也，前漳(Zhāng)、滏(Fǔ)，右常山，左河间，北有代，带甲百万，尝抑强齐，四十余年而秦不能得所欲。由是观之，赵之于天下也不轻。今君易万乘之强赵，而慕思不可得之小梁④，臣窃为君不取也。"君曰："善。"自是之后，众人广坐⑤之中，未尝不言赵人之长者也，未尝不言赵俗之善者也。

（《战国策·赵策三》）

注释

①说：规劝。②张相国：魏国人，当时在赵国做相。③因：客观原因。④梁：魏国。⑤众人广坐：大庭广众。

道理

爱人者，人爱之；轻人者，人轻之。和谐融洽的人际关系，需要大家共同维护。

5. 南辕北辙

故事

春秋初期，随国有一个著名的政治家、军事家和思想家，名叫季梁。

一天，他在半路上得到消息说魏王准备攻打赵国都城邯郸，便日夜兼程向魏国的都城赶去。无论刮风下雨，还是烈日高照，他都不敢停步。他一心要赶在魏王发兵之前到达魏国，劝阻魏王不要做这种蠢事。

到了魏都之后，季梁直向王宫奔去。魏王看见季梁风尘仆仆走进宫中，以为外面发生了什么重大的事情，要他静下来慢慢地说。

"事情是这样的。"季梁说，"我在路上碰到一个坐在马车上的人，正往北方赶路，我问他：'到哪里去呀？'他回答说：'要到楚国去。'我告诉他：'楚国在南方，怎么往北走呢？'他不以为然地说：'你不用担心，我的马跑得快极了。'我又劝告他说：'马跑得快又有什么用呢？你是方向搞反了！'他依然十分自信，说：'你瞎嚷嚷什么呀？我有很充足的路费，我的车夫有很娴（xián）熟的驾驭技术，何愁走不到楚国呢？'我知道再劝也没用，叹了口气说：'可惜你把好车好马用歪了，你这样走下去，离楚国不是越来越远了吗？'那个人不再答话，驾着车还是向北方飞驰而去。"

"真是一个怪人！"魏王感慨地说。

"这个人能不能走到楚国，这不用我们担心。"季梁不失时机地转换了话题，"可是如今大王想成就霸主之业，便依仗地域辽阔、兵精粮足，无缘无故地去攻打赵国，借以扩张魏国的领土。这样不明智的行动必然遭到赵国和天下人民的强烈反对，那么，大王又怎能作成天下霸主呢?这种不义的举动越多,离大王的目的就越远,这同驾车向北要到楚国去的那个人又有什么两样呢?"

魏王觉得季梁说得有道理,当即取消了攻打赵国的计划。

原文

魏王欲攻邯郸(Hándān),季梁闻之,中道而反,衣焦不申,头尘不去,①往见王,曰:"今者臣来,见人于大行②,方北面③而持其驾,告臣曰:'我欲之楚。'臣曰:'君之楚,将奚为北面?'曰:'吾马良。'臣曰:'马虽良,此非楚之路也。''曰:'吾用④多。'臣曰:'用虽多,此非楚之路也。''曰:'吾御(yù)者⑤善。'此数⑥者愈善,而离楚愈远耳。今王动欲成霸王,举⑦欲信于天下。恃⑧王国之大,兵之精锐,而攻邯郸,以广地尊名⑨。王之动愈数⑩,而离王愈远耳!犹至楚而北行也。"

(《战国策·魏策四》)

注释

①衣焦不申,头尘不去:来不及舒展衣服的皱折,顾不得洗头上的尘土。②大行:大道。③方北面:方,正。北面:面朝北。④用:路费。⑤御者:指车夫。⑥数:几个,几样。⑦举:一举一动。⑧恃:倚仗,凭借。⑨尊名:提高声望。⑩数:多。

道理

无论做什么事,仅有美好的意愿是不够的,还要看清方向,选准路线,以防事与愿违。

6. 鹬蚌相争

故事

燕国和赵国是邻国。

一次,燕、赵两国为了一点小小的纠纷,赵惠王一气之下便要兴师讨伐燕国。燕王心里十分清楚,如果他要赌气和赵国打这一仗,其结局必然是黄雀捕蝉,螳螂(tángláng)在后,得利者只能是想要吞并天下的秦国。因此,燕王就派苏代出使赵国。

苏代,战国时的纵横家,苏秦的族弟,当时被燕王召为上卿。此人博览群书,能说善辩,经常游说于各诸侯国之间,在当时可谓大名鼎(dǐng)鼎。

苏代一来到赵国,便立即得到赵惠王的接见。一番礼节性的寒暄之后,苏代不慌不忙地说:"我这次来赵国的路上,经过易水河的时候,看见一只大河蚌正从水里慢腾腾地爬出来晒太阳,可正当它张开硬甲舒展肉体时,一只飞鹬从天而降,说时迟,那时快,飞鹬便紧紧地啄住了大河蚌的肉。大河蚌呢,也在刹那间紧紧闭拢两个硬甲,把飞鹬的嘴死死地夹住了。飞鹬说:'如果今天不下雨,明天也不下雨,那你可就要变成肉干了。'大河蚌毫不示弱,反唇相讥道:'我今天不放你,明天还不放你,你就会变成一只死鹬。'正当它们俩谁也不服谁、谁也不肯放开谁时,一个渔夫笑眯眯地走过来,把它们俩一块捉走了。"

说到这,苏代打住了话头,呷了一口茶,而赵惠王此时显然是若有所思地说:"先生请继续往下说。"

苏代便接着说:"现在赵国将要攻打燕国,燕、赵两国如果长期相持不下,老百姓就会疲敝不堪,我担心饿狼一般的秦国就要成为那不劳而获的渔夫了,所以希望大王认真考虑出兵之事。"

赵惠王明白了其中的利害,说:"好吧,我不出兵了。"于是,赵国便停止出兵攻打燕国。

原文

赵且伐燕,苏代为燕谓惠王曰:"今者臣来,过易水,蚌(bàng)方出曝(pù)①,而鹬(yù)啄其肉,蚌合而拑其喙(huì)②。鹬曰:'今日不雨,明日不雨,即有死蚌。'蚌亦谓鹬曰:'今日不出③,明日不出,即有死鹬。'两者不肯相舍④,渔者得而并禽之。今赵且伐燕,燕、赵久相支⑤,以弊⑥大众,臣恐强秦之为渔父也。故愿王之熟计⑦之也。"惠王曰:"善。"乃止。

（《战国策·燕策二》）

谏言纳言

注释

①曝:晒太阳。②喙:(鹬鸟的)嘴。③出:使(鹬嘴)出,放松。④相舍:放开对方。⑤支:对抗。⑥弊:困乏,疲敝。⑦熟计:深思熟虑。

道理

双方互不相让,争斗不休,只会两败俱伤,使第三者得利。

7. 民怨不能堵

故事

周厉王姬胡是周朝的第十代天子。

他做天子时,天下的百姓生活在水深火热之中。当时民间流传着这样一首歌谣:"大老鼠啊大老鼠,不要吃我的粮食。这么多年我一直养着你,你为什么却一点不肯照顾我?我发誓要离开你,到我那快乐的地方去!"这大老鼠指的就是当时的统治者。

邵公把老百姓的一片怨声告诉周厉王说:"人民忍受不了这样的暴政了!"周厉王反而发怒了,找来卫国(天子下辖的一个诸侯国)的巫师去监视老百姓,如果发现有人谈论时政,就抓来杀头。从此,人们虽然有牢骚满腹,也只好往肚子里咽,谁也不敢说出来。熟人在街上见了,用眼睛示意,算是打个招呼,然后赶紧走开,谁也不敢停住交谈。整个京城,变得死气沉沉,毫无生气。

周厉王以为自己的高压政策产生了效果,非常得意。有一天,他沾(zhān)沾自喜地对邵公说:"我能消除那些指责我的言论啦,老百姓谁也不敢再吭声了。"

邵公是当时一位德高望重的大臣,他听了之后,意识到事态的严重,就非常严厉地对周厉王说:"老百姓的嘴虽被你一时勉强堵住了,但这会使他们的抱怨变成怨气。河流堵塞便会决口泛滥,伤害的人必然更多。堵老百姓的嘴巴也是一样。因此,治水的时候应该疏通河道使水畅通,治理老百姓的人应该广开言路,使老百姓畅所欲言。如果人们的心中所想通过嘴巴表达出来,朝廷认为正确的可以采纳,不正确的可以解释,怎么可以用严刑苛法来堵塞言路呢?这是很危险的。"

周厉王没有理会邵公的话,反而更加残酷地实行"恐怖"政策。

哪里有压迫,哪里就有反抗。国都里的小贵族、小商人、手工业者实在忍不下去了,他们聚集起来冲向王宫,去找周厉王算账。起初周厉王还想把民众镇压下去,可调来的兵士出身也是平民,他们见民众造反,很多人也参加进去了。周厉王眼看大势已去,只好带了一些随从偷偷溜出了王宫,到处东躲西藏。

三年之后,人们终于捉住了周厉王,把他流放到现在的山西省霍州一带。

原文

厉王虐(nüè),国人谤(bàng)①王。邵公告曰:"民不堪命矣!"王怒,得卫巫,使监谤者,以告,则杀之。国人莫敢言,道路以目②。王喜,告邵公曰:"吾能弭(mǐ)③谤矣,乃不敢言。"邵公曰:"是障④之也。防民之口,甚于防川。川壅(yōng)而溃(kuì),伤人必多,民亦如之。是故为川者决之使导,为民者宣之使言⑤。"……王不听,于是国人莫敢出言。 (《国语·周语上》)

注释

①谤:咒骂。②道路以目:在路上相遇只用眼色示意。③弭:制止,消除。④障:阻塞。⑤为民者宣之使言:治理人民的人,应该开导他们,让他们畅所欲言。

道理

怨言是堵不住的,聪明的做法是加以疏导,使其释放。

8. 一饭三叹

故事

春秋时期,魏献子担任晋国宰相,由于他选贤任能,礼贤下士,在诸侯中颇有声望,孔子称赞他是忠诚的君子。

魏献子执政以后,派他的儿子魏戊当梗阳地方的大夫。有一次,梗阳有人打官司,将状子告到魏戊那里,魏戊觉得这官司很难判断,便上报给魏献子处理。这样,诉讼的最后决定权自然就落在魏献子手上了。诉讼将要失败的一方,为了挽回败局,准备献女乐给魏献子,用作贿赂。魏献子很喜欢,打算收下来。

这件事被魏戊知道了,他找来大夫阎没、叔宽说:"我父亲是以办事公正、不受贿赂而闻名各国的,我看见有人投其所好,送给他女乐,这是贿赂,请你们二位一定要劝谏他。"阎没、叔宽答应了。

一天,两人拜见魏献子后都没有走,在庭院里等候着。厨房里将中午饭送来了,魏献子问:"谁在外面?"侍从回答说:"阎没、叔宽在。"魏献子叫他俩进来:"一起吃饭吧!"

吃饭期间,阎没和叔宽叹了三次气。魏献子莫名其妙,饭后问他们:"人们有句俗话,只有吃饭时可以忘掉忧愁,你们二位一顿饭中间叹了三次气,为什么呢?"

阎没和叔宽异口同声地回答:"我们都是小人,贪心不足。饭菜刚送上来的时候,担心不够吃,因此第一次叹息。吃到一半时,不禁私下责备自己:主人赐给我们饭菜,哪有不够吃的道理呢?因此第二次叹息。等到您吃完了,我们又想到,但愿我们这些小人的胃口,也像君子您的心思一样,只要吃饱也就知足了,因此第三次叹息。"

魏献子听完，非常羞愧："讲得好！我明白了你们的意思。"于是拒绝了梗阳人的贿赂。

原文

梗(Gěng)阳①人有狱②，将不胜，请纳赂于魏献子，献子将许之……献子将食，问谁于庭，曰："阎没、叔宽③在。"召之，使佐(zuǒ)食④。比⑤已食，三叹。既饱，献子问焉，曰："人有言曰：唯食可以忘忧。吾子一食之间而三叹，何也？"同辞对曰："吾小人也，贪。馈(kuì)⑥之始至，惧其不足，故叹。中食而自咎也，曰：岂主之食而有不足？是以再叹。主之既已食，愿以小人之腹，为君子之心，属餍(yàn)而已⑦，是以三叹。"献子曰："善。"乃辞梗阳人。

（《国语·晋语九》）

注释

①梗阳：地名，魏氏的封邑。②狱：诉讼，官司。③阎没、叔宽：阎没，名明。叔宽，名褒。这二人都是晋国的大夫。④佐食：陪着进餐。⑤比：及，到。⑥馈：赠送。这里指赐给的饭菜。⑦属餍而已：属，适值，恰好。餍，饱。已，止。

道理

每个人都有薄弱点，别有用心者往往会在这个薄弱点打开缺口，以求谋得私利。

9. 叔向智谏

故事

又是一个春天来临了,万象更新,风和景明。

这一天,晋平公身穿戎装,手持弓箭,兴致勃勃地带着随从竖襄,到皇家园林里去打猎。

忽然,一只小鸟飞快地向前方逃去,晋平公眼疾手快,弯弓搭箭射向小鸟,却没有一箭射死,那只小鸟应声掉在远处的树林中。

晋平公赶紧叫身边的竖襄去捕捉。过了好大一会儿,竖襄空着手回来了。

"我射落的那只小鸟呢?"晋平公疑惑地问道。

"本来已经捉到手,可它又挣扎着跑了。"竖襄沮丧(jǔsàng)着脸低声回答。

"什么?真是笨蛋。"晋平公火冒三丈,"给我滚开,我要杀了你。"

晋国大夫叔向听说了这件事,当天晚上连忙进宫,晋平公把当时的情况给他讲了一遍。叔向说:"主公一定要杀掉他,而且马上就杀。"

"没有必要这么急吧。"晋平公听叔向的语气跟平时不同,连忙表态。

"不然,不然!从前我们的先君唐叔在徒林射猎,一箭把一只凶猛的犀(xī)牛射死了,用犀牛的皮做了一副盔甲送给周王,因此他被封于晋地。现在您继承先君唐叔,却没有把一只小鸟射死,又没捉住它,真是羞耻极了。俗话说:'好事不出门,坏事传千里',这事绝不能传出去,不然就太丢人了,所以非得把在场的竖襄杀掉不可,而且要赶快杀掉他,不能让大家知道了来耻笑主公您。"耿直的叔向半是讥讽,半是规劝。

晋平公听出了话中之意,尴尬得脸都红了,连忙下令把竖襄放了。

谏言纳言

原文

平公射鹖(yàn)①,不死,使竖襄搏之②,失。公怒,拘(jū)将杀之。叔向闻之,夕,君告之。叔向曰:"君必杀之。昔吾先君唐叔③射兕(sì)④于徒林⑤,殪(yì)⑥,以为大甲⑦,以封于晋。今君嗣吾先君唐叔,射鹖不死,搏之不得,是扬吾君之耻者也。君其必速杀之,勿令远闻。"君忸怩(niǔní),乃趣(cù)⑧赦(shè)之。

（《国语·晋语八》）

注释

①鹖:一种小鸟。②竖襄搏之:竖,宫中的小臣。襄,小臣的名。搏,捉。③唐叔:晋的始祖。④兕:古代指犀牛。⑤徒林:林子名。⑥殪:一箭就射中了。⑦以为大甲:用它的皮做了一件大铠甲。⑧趣:急,从速。

道理

规劝过于自负的人时,若沿着他的意思,推导其后果,或可让他醒悟并知错改错。

10. 鞋子便宜

晏子，名晏婴，历任齐国灵公、庄公、景公三世卿相，是春秋末期一位重要的政治家、思想家、外交家。

晏子使楚的名言"橘生淮南则为橘,生于淮北则为枳(zhǐ)",早已为大家所熟知。晏子作为齐使,出使楚国,机警善辩,最终维护了齐国的尊严。

然而,却很少有人知道,生活中的晏子是一位为国为民、直言敢谏的德臣。他拒受封地,崇尚节俭,反对奢华,住的是低矮的房屋,吃的是粗茶淡饭,过着艰苦的生活。

公元前539年,齐景公因发现晏子的住宅太差,打算更换晏子的住宅,便私下悄悄地对晏子说:"你的住宅靠近市场,低湿狭窄而又喧闹多尘,不适合居住,请让我替你重建一所明亮干爽的房子。"

晏子辞谢说:"君王的先臣——我的祖父就曾住在这里。臣不足以继承先辈的业绩,居住这样的房子,对臣已经够奢(shē)侈的了。况且,靠近市场,早晚都可买到自己所需要的东西,这是小人的便利之处,哪敢麻烦相关部门为我建造新房呢?"

景公笑着说:"我问你,你靠近市场,你了解物品的贵贱吗?"
晏子回答说:"既然以它为便利,岂能不知道呢?"

景公说:"你给我说说,市场上什么东西最昂贵,什么东西最便宜?"

当时正值齐景公刑法繁多而且苛酷严厉,有不少人都受到断足或断腿的酷刑,一时间市场上竟有出售假肢的。晏子淡淡地回答说:"假肢最昂贵,鞋价最便宜。"

景公听后,脸色都变了……

虽然晏子的话深深地刺痛了齐景公,但齐景公毕竟是春秋末期齐国的一位有道明君,经过反思,后来他便减少了刑罚。

原文

初,景公欲更①晏子之宅,曰:"子之宅近市,湫(jiǎo)隘(ài)嚣(xiāo)尘②,不可以居,请更诸爽垲(kǎi)③者。"辞曰:"君之先臣容焉,臣不足以嗣(sì)④之,于臣侈(chǐ)⑤矣。且小人近市,朝夕得所求,小人之利也,敢烦里旅⑥?"公笑曰:"子近市,识贵贱乎?"对曰:"既利之,敢不识乎?"公曰:"何贵?何贱?"于是景公繁于刑,有鬻(yù)⑦踊(yǒng)者,故对曰:"踊贵,履(lǚ)贱⑧。"

(《左传·昭公三年》)

注释

①欲更:打算更换。②湫隘嚣尘:低湿、狭窄、喧闹、多尘。③爽垲:爽,明亮。垲,地势高而干燥。④嗣:继承。⑤侈:浪费。⑥里旅:即司里、里人,掌管卿大夫的家宅。⑦鬻:卖,出售。⑧踊贵,履贱:假肢贵,鞋子贱。踊,假肢。履,鞋子。

道理

抓住劝说的有利时机,通过貌似无意的家常话而传达意思,效果最佳。

11. 扁鹊见秦武王

故事

扁鹊,战国时期名医。他精于内、外、妇、儿、五官等科,应用砭(biān)刺、针灸、按摩、汤液、热熨等法治疗疾病,被尊为医祖。他年轻时虚心好学,刻苦钻研医术;他周游列国,把积累的医疗经验用于平民百姓,为百姓解除痛苦。

扁鹊行医有"六不治"原则:一是依仗权势、骄横跋扈的人不治,二是贪图钱财、不顾性命的人不治,三是暴饮暴食、饮食无常的人不治,四是病深不早求医的人不治,五是身体虚弱不能服药的人不治,六是相信巫术不相信医道的人不治。

一次,扁鹊在周游列国路过秦国时,拜见了秦武王,发现武王的气色不好,便问及武王的身体状况。武王就把他的病情告诉了扁鹊,扁鹊建议武王及早医治,千万别耽搁,并且告诉武王愿为他除去病患。武王将扁鹊要为他治病的事告诉了左右大臣,大臣们对此纷纷提出异议:"君王的病在耳朵的前面,眼睛的下面,未必能治好,如果治不好的话,反而会使耳朵听不清,眼睛看不明。"武王认为大臣们说的话有道理,就对治病一事犹豫不决了。

当扁鹊再次找到秦武王时,秦武王便把左右大臣说的话告诉了扁鹊。扁鹊听了非常生气,他把治病用的砭石往武王面前一丢,说:"君王同懂医术的人商量如何治病,又同不懂医道的人一块儿讨论,干扰治疗。就凭这,便可以让人了解到秦国的内政,如此下去,君王随时都有亡国的危险。"

说完,扁鹊转身就走了。

谏言纳言

原文

医扁鹊见秦武王,武王示之病,扁鹊请除①。左右曰:"君之病,在耳之前,目之下,除之未必已也,将使耳不聪,目不明。"君以告扁鹊。扁鹊怒而投其石②:"君与知之者谋之,而与不知者败③之。使此知秦国之政也,则君一举而亡国矣。"

(《战国策·秦策二》)

注释

①请除:请求为之医治,消除疾患。②投其石:扔下治病用的砭石。③败:败坏,指干扰治疗。

道理

遇事若无主见,拿不定主意,其结果必然一事无成。

12. 众志成城

周朝末年,周景王即位以后,为了个人行乐,下令把全国的好铜收集起来,铸造两口极大的钟。

单穆公竭力劝谏说:"大王,您两年前废小钱铸大钱,使百姓受到很大损失,现在又要造大钟,这不仅劳民伤财,而且用大钟配乐,声音也不好听,是不会和谐的。因此,铸造大钟无论从政治、经济和音乐艺术哪一方面来说,都是无益而有害的。"

周景王不听,他把司乐官州鸠请来,以为司乐官一定会赞成造大钟。不料,州鸠也不赞成,反倒同意单穆公的意见,认为铸造那么大的钟,确实没有必要。但周景王仍然不听,下令继续铸造。

周景王二十四年(公元前521年),两口大钟铸成了,一口叫"无射",一口叫"大神",那些惯会献媚(mèi)的乐人们纷纷向周景王祝贺。一个敲钟的人敲了几下钟后,谄(chǎn)媚地说:"新铸的大钟,声音是非常好听啊。"周景王听了,得意地对司乐官州鸠说:"你听,这钟声是多么和谐啊!"

州鸠深知景王铸钟给百姓带来的苦难,便回答说:"这算不得和谐。如果大王您铸钟,天下的老百姓都为这件事高兴,那么这钟声才算得上和谐。可是,您为了造钟,弄得民穷财尽,老百姓人人怨恨,所以我不知道这钟好在什么地方。再说,老百姓都认为好的,很少有不成功的;老百姓都厌恶的,很少有不失败的。俗话说:'众志成城,众口铄金。'也就是说,大家万众一心,像坚固的城墙一样不可摧毁,就什么事情都能办成;相反,如果大家都反对,就一定失败,就是金子,也会在大家口中熔化。三年之中,大王您祸害老百姓钱财的事就发生了两次,我担心大钱和大钟这二金当中,必有其中之一要废除的啊。"

周景王恼怒地说:"你老糊涂了!懂得什么!"

仅过了一年,即周景王二十五年(公元前520年),周景王死了,看来大钟的声音果真不和谐。

原文

王不听,卒铸大钟。二十四年,钟成,伶(líng)人告和①。王谓伶州鸠(jiū)曰:"钟果和矣。"对曰:"未可知也。"王曰:"何故?"对曰:"上作器,民备②乐之,则为和。今财亡民罢③,莫不怨恨,臣不知其和也。且民所曹④好,鲜其不济⑤也。其所曹恶,鲜其不废也。故谚曰:'众心成城⑥,众口铄(shuò)⑦金。'三年之中,而害金再兴⑧焉,惧一之废也。"王曰:"尔老耄(mào)⑨矣!何知?"二十五年,王崩,钟不和。

(《国语·周语下》)

注释

①和:和谐。②备:全,尽。③罢:同"疲",疲敝。④曹:群,众人。⑤济:成功。⑥众心成城:现多写作"众志成城"。⑦铄:熔化。⑧害金再兴:伤害百姓钱财的事就发生了两次。⑨老耄:指八十九岁的年纪,泛指老年。

道理

众心合力,可以推动事业走向辉煌,因此务必重视人心的凝聚。

六、讽喻明理

FENGYUMINGLI
CHUDUGUOXUE

1、两虎相斗
2、画蛇添足
3、两败俱伤
4、狐假虎威
5、一顾千金
6、卫人迎新妇
7、宋人名母
8、智伯之死
9、以鹤为战
10、华而不实

1. 两虎相斗

故事

管庄子和管与是一对好朋友。一天，他们相约到山里狩猎。一路上，他们说说笑笑，谈论着与狩猎相关的话题，交换如何设饵、如何诱捕的方法。谈到预期收获时，管庄子说："我想杀死一只老虎，这样，就再也不会有人轻看我的猎技了。"管与应道："但愿如此吧。"

正当他们策马前行时，管庄子突然发现有两只因为争吃一个人而打斗的老虎，管庄子立即拔剑在手，准备冲上前去刺杀那两只老虎。管与赶忙策马把他拦住，说："且慢，请先听我说完再出手。你难道不知道老虎是一种贪婪而凶残的野兽吗？人是它们甘美的食物，现在两只老虎因为争一个人而搏斗，大虎必伤，小虎必死。你等到大虎受伤后再上去用剑刺杀，岂不是一举而得两虎。你不费刺杀一虎之劳，却有刺杀两虎之名，那该多好！"管庄子半信半疑地笑着说："难道还有这等好事吗？"

话刚落音，就听那两只老虎厮打在一起，只见那只大虎一下子把那只小虎扑倒在地，两只前蹄死死地按住正在下面挣扎着的小虎，小虎则用锋利的牙齿狠狠撕扯着大虎的前腿，疼得大虎龇(zī)牙咧嘴，一口死死地咬住小虎的喉咙，直到小虎死了为止。但大虎也终因前腿伤势过重，行动已不能自如。这时管庄子突然跳出去，挥剑猛刺伤虎，果然不费大力，就刺死了那只受伤的老虎，从而一举获得两虎。

原文

有两虎争人而斗者,管庄子将刺之,管与止之曰:"虎者,戾(lì)虫①,人者,甘饵(ěr)②也。今两虎争人而斗,小者必死,大者必伤。子待伤虎而刺之,则是一举而兼两虎也。无刺一虎之劳,而有刺两虎之名。"

(《战国策·秦策二》)

讽喻明理

注释

①戾虫:凶残的猛兽。②甘饵:甘美的食物。饵,食物。

道理

等待最佳时机的出现,需要耐心,更需要高明的判断。

2. 画蛇添足

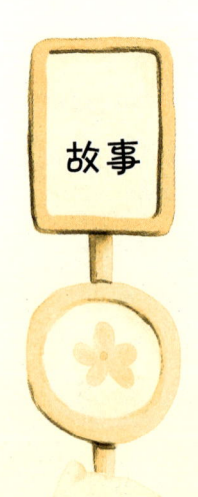

战国时代，上至国君，下到平民，人们普遍重视对已故至亲尊长的祭奠(jìdiàn)，每到年初岁尾或其他特定时日，人们都会把家里珍藏的佳肴(yáo)美酒敬献给亡故的先人，以表达对他们真挚的哀思和慰藉。

这天，是一个特定的祭祀日，楚国的一个世袭贵族在其家族祠堂举行了隆重的祭祖仪式。仪式结束后，主人把祭祀用的一壶上等美酒赏给为他办事的几个人喝。

那几人受此礼遇自然很高兴，可看了看那壶酒后，他们都认为酒虽然很好，但分量实在是少了些。

有一个人提议："这一壶酒呢，如果我们每个人都喝的话，大概一人只能喝一口，到嘴不到心的，让人觉着难受。我认为最好是只让给一个人喝，当然，不管让给谁喝，得有条件。我看，我们几个就在地上比赛画蛇，谁先画好，这壶酒就归谁，行不行？"

大家都认为这个主意不错，便一致赞成。

于是，这几个人就蹲在地上画起蛇来。刚才提出建议的那个人很快就把蛇画好了，可是当他拿起酒壶准备喝酒的时候，从眼角的余光中，看到其他几个人仍在手忙脚乱地画着，于是便移开送到嘴边的酒壶，自作聪明地用左手端着酒壶，右手又在地上画起来，嘴里还洋洋得意地说："你们看，我还能给蛇添上脚呢！"

可是，正当他在给蛇画脚的时候，另一个人也画好了蛇，那个人伸手就把壶酒从他手里抢过来，毫不客气地说："蛇本来就是没有脚的，你怎么能给它添上脚呢？"随即举起壶，仰起脖，将那壶美酒一饮而尽。

而最先画好蛇的那个人终因给蛇添足,而丧失了赢得美酒的时机。

【讽喻明理】

原文

楚有祠(cí)①者,赐其舍人卮(zhī)②酒。舍人相谓曰:"数人饮之不足,一人饮之有余。请画地为蛇,先成者饮酒。"一人蛇先成,引酒且饮之,乃左手持卮,右手画蛇,曰:"吾能为之足。"未成,一人之蛇成,夺其卮,曰:"蛇固无足,子安能为之足?"遂饮其酒。为蛇足者,终亡③其酒。

(《战国策·齐策二》)

注释

①祠:祭祀祖先。②卮:盛酒的器具。③亡:丢掉,丢失。

道理

做任何一件事,都不要被胜利冲昏头脑,盲目乐观,反而招致失败。

3. 两败俱伤

故事

韩子卢本是齐国王室狩猎场的一条普通猎犬,在一次追捕野兔途中,偶遇因狩猎而迷失山谷一天一夜的齐王,它立即放弃对野兔的追赶,来到齐王的马前,把齐王带出迷途。因此,它被齐王赐予"韩子卢"的名号。那只野兔呢,因诱引韩子卢来到山谷,也被齐王视为有功之臣,同时赐给"东郭逡"的称号,并享受在王室狩猎场永久居住且不受侵犯的特权。

经过这件事,韩子卢和东郭逡也化干戈为玉帛,成了一对好朋友。它们经常结伴出行,追逐嬉戏,每逢齐王出猎,必然跟随在鞍前马后。

但自从动物田径锦标赛上,东郭逡获得冠军,韩子卢成了亚军之后,它们的关系就开始发生了微妙的变化。它们不再结伴出行,东郭逡翘着尾巴,奔走跳跃,专往人多处凑;韩子卢昂着头,独来独往,不愿与同类为伍。不仅如此,有人还听见它们相互嘲讽,甚至谩(màn)骂。

一天,韩子卢找到东郭逡气愤地说:"不要以为自己得个破冠军就不得了啦,现在如果再绕着山冈跑,不出一圈,我就能超过你。哼!"东郭逡对韩子卢的这种故意挑衅毫不示弱,它依然翘着尾巴,对韩子卢连看都不看一眼地应道:"那就再比试比试吧。"

于是,东郭逡和韩子卢就在没有裁判、无人监督的情况下,赌气进行了一次拼死较量。它们在同一起跑线上如离弦的箭一般飞驰而去,开始很长一段时间它们并驾齐驱,不分胜负。而后东郭逡稍稍领先,韩子卢紧随其后穷追不舍。它们一直绕着山冈互相追逐了三圈,上山下山赶了五趟。东郭逡在前面拼命地跑,韩子卢在后面拼命地撵。

　　从日上树梢到日正中天，它们一直这样前跑后撵(niǎn)；从日正中天到日落西山，他们还是这样前跑后撵。直到晚霞飘飞时，终于看不见了他们奔跑的身影。

　　一个农夫收工回家时，在山脚小路边意外地发现了躺在那里的一条狗和一只兔子，那条狗前蹄直直地伸着，仿佛在用力地捕捉躺在前面的兔子。农夫怀疑自己看花了眼，用手中的锄头使劲地捣了捣，没有动静，他再用手摸摸，狗和兔子的身上还热乎乎的，但鼻孔已没有了半点气息。他解下腰带，一扯两半，把那狗和兔子绑个结结实实，然后挂在锄把的两头，喜滋滋地回家了。

原文

韩子庐者，天下之疾①犬也；东郭逡(qūn)者，海内之狡②兔也。韩子庐逐东郭逡，环山者三，腾山者五，兔极③于前，犬废④于后，犬兔俱罢⑤，各死其处⑥。田父见之，无劳倦之苦而擅其功。

（《战国策·齐策三》）

注释

①疾：快。②狡：急。③极：精疲力竭。④废：疲惫不堪。⑤罢：同"疲"。⑥各死其处：各自都昏死在那里。

道理

竞争的双方，应该积极寻求实现双赢的途径，不要老想着我打败你，或者你打败我，弄到最后双方都受伤。

4. 狐假虎威

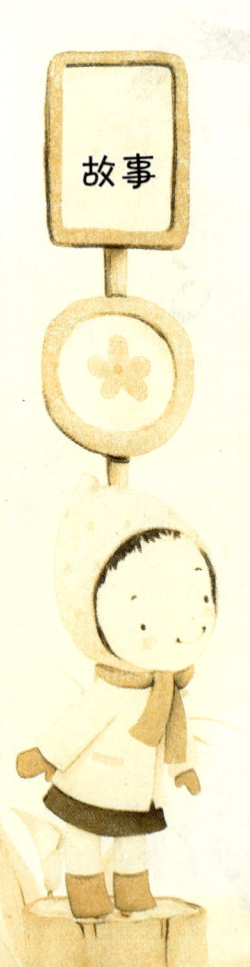

故事

在东北地区那一望无际的茂密森林里，生活着形形色色、大大小小的上百种野兽。老虎是其中最为彪悍、凶猛的野兽，号称"森林之王"。它每天都要在森林里转悠一会儿，查看它的属地有何动静或变化。当然，有时它是在寻找口中食，以填饱肚子。

这一天，饿着肚子的老虎刚转悠到一片灌木丛旁，正好碰到了一只从里面钻出来的狐狸，狐狸看见老虎，吓得浑身发抖。它刚要溜走，却被老虎一把捉住。狡猾的狐狸看见自己已无法逃脱，就耍了一个大花招。它强打精神、一本正经地斥责老虎说："你怎么敢吃我？天帝任命我来管理所有的野兽，你要吃了我，就是违抗天帝的命令，就要遭到天帝的惩罚。"老虎一听愣住了，心里不免犯起了嘀咕。狐狸见老虎疑惑，马上接着说："你要是不信，就跟在我后面走一趟，看看是不是所有的野兽见了我都赶快逃命。"老虎听狐狸说话的口气很大，态度也很强硬，有几分相信了，决定跟着狐狸看看究竟。

森林里形形色色、大大小小的野兽们，看见狐狸大摇大摆、耀武扬威地走过来，都觉得好笑，可再一看后面竟跟着一只张牙舞爪的大老虎，个个又都吓得要命，四处奔逃。老虎不知道野兽们怕的是自己，却以为那些四处奔逃的野兽真是被狐狸的威风吓跑的，它彻底相信了狐狸的话。

后来，老虎因为害怕狐狸会怪罪自己，做出什么对自己不利的举动，它这个原本真正的森林之王也逃之夭夭。

讽喻明理

原文

虎求百兽而食之,得狐。狐曰:"子无敢食我也！天帝使我长(zhǎng)①百兽,今子食我,是逆天帝命也。子以我为不信,吾为子先行,子随我后,观百兽之见我而敢不走②乎?"虎以为然③,故遂与之行。兽见之,皆走。虎不知兽畏己而走也,以为畏狐也。

(《战国策·楚策一》)

注释

①长:统帅,作领袖。②走:跑。③以为然:认为能行。

道理

化解强大对手的威胁,以解燃眉之急,有时需要机智应变。

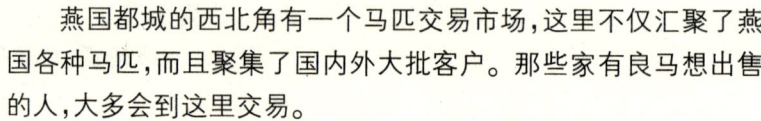

5. 一顾千金

燕国都城的西北角有一个马匹交易市场,这里不仅汇聚了燕国各种马匹,而且聚集了国内外大批客户。那些家有良马想出售的人,大多会到这里交易。

有一个来自燕塞之地的卖马人,自认为卖的是上等良马,而且售价适中,可他连续三个早晨来到这里,不仅没人来买他的马,而且连问的都没有。这个卖马人不禁暗自思忖(cǔn):难道那些买马的人认不出这是一匹上等良马?如果是这样的话,那可怎么办?

正当他苦苦思索、一筹莫展之际,无意间听两位客商说,大名鼎鼎的相马专家伯乐现在就住在燕都,他一下子有了主意。

当晚,他费尽周折,终于打听并找到伯乐的住所,满腹委屈地对伯乐说:"我有一匹马要卖,本来是一匹好马,但那些买马的人都不识货,连续三个早晨我站在市场上,也无人问津。我想请你绕着我的马看一看,离开时再回头看一看我的马。如果你肯这样做的话,我愿意奉送一天的花费。"伯乐本是一个清正廉洁、乐善好施之人,听了卖马人这一番话,既同情又好笑,但他知道这是卖马人的一片诚心所致,因此爽快地答应了卖马人的请求。

第二天,伯乐按约定的时间来到马匹交易市场,走近卖马人待售的马前一看,果然是匹好马。他情不自禁地走上前去,爱抚地左右看看,临走时还恋恋不舍地频频回顾,引来周围众多行人驻足观望。

于是,买马人蜂拥而至,争相出价,价格不断攀升,一会儿马价竟然上涨了十倍,售价千金。

讽喻明理

原文

人有卖骏马者，比三旦①立市，人莫之知②。往见伯乐，曰："臣有骏马，欲卖之，比三旦立于市，人莫与言。愿子还③而视之，去而顾④之。臣⑤请献一朝之贾⑥。"伯乐乃还而视之，去而顾之，一旦⑦而马价十倍。

（《战国策·燕策二》）

注释

①比三旦：接连三个早晨。也可说接连三天。②人莫之知：没有人识出这是千里马。③还：通"旋"，环绕，绕圈子。④顾：回头看。⑤臣：先秦时代，普通人之间有时也谦称自己为"臣"。⑥贾：费用。⑦一旦：一会儿。

道理

利用名人效应是一种商业智慧，但商品的长盛不衰，则要依靠自身的质量。

6. 卫人迎新妇

故事

卫国有户殷实人家的儿子，因为太挑剔，早到了谈婚论嫁的年龄，可还没有找到对象。

这天，有个媒婆前来提亲，老两口刚开口问那女方的情况，那媒婆就滔滔不绝地赞个不停："要说这女孩，论模样有模样，论人品有人品。至于说到心灵手巧，就更是无人能比……"媒婆把那女孩说得是天花乱坠(zhuì)，要多好有多好；这老两口乐得是喜笑颜开，要多满意有多满意。于是，他们便做主为儿子订下了这门亲事。

左邻右舍，前宅后院，大人小孩很快都知道了这户人家说了个好媳妇。

到了迎娶新娘那天，全村的老老少少挤了满满一院子，都想抢先一睹这位与众不同的新娘子的风采。

再说这位新娘子，果然与众不同，面对长长的一溜迎亲队伍，她走出闺房，神态自若，落落大方地登上装饰一新、披红挂绿的马车，劈头就问赶车的马夫："这两边拉套的马是谁家的马？"车夫恭恭敬敬地回答说："禀告少奶奶，这马是借来的。"新娘便叮嘱马夫："赶车时，只管鞭打两边拉套的马，至于中间驾辕的这匹马，它自然也会跟着跑，就不用鞭打它了。"

接亲的队伍终于到了张灯结彩的新郎家门口，满院子的人自觉地让出一条道来，还未等人掀开帘布，新娘便探出头来。一位老妇赶紧上前搀扶新娘子下车，新娘子又对搀扶她的老妇说："不要管我，赶紧去把灶中的余火灭了，小心引起火灾。"弄得老妇人左右不是，非常尴尬，人群里爆发出一阵笑声。

刚进入布置得喜气洋洋的新房，新娘子便一眼看见舂(chōng)米的石臼，就又对随她进新房的伴娘说："你把它搬到窗户下面，免得妨碍往来的人。"弄得伴娘哭笑不得。人们又爆发出一阵笑声。

讽喻明理

原文

卫人迎新妇，妇上车，问："骖(cān)马①，谁马也？"御曰："借之。"新妇谓仆曰："拊(fǔ)②骖，无笞(chī)③服④！"车至门，扶，教送母："灭灶，将失火。"入室见臼(jiù)，曰："徙之牖(yǒu)⑤下，妨往来者。"主人笑之。

（《战国策·宋卫策》）

注释

①骖马：两边拉套的马。②拊：拍，这里指鞭打。③笞：用鞭打。④服：驾辕的马。⑤牖：窗户。

道理

有些话虽然正确，但场合不对，或者不符合说话者的身份，也会惹人笑话。

7. 宋人名母

故事

春秋时期，宋国乡下某大户人家有个儿子，自幼父母视其为掌上明珠。牙牙学语之时，父母就开始聘(pìn)请老师为他施教，直到十五六岁。

通过这十来年的寒窗苦读，这儿子虽然算不上是饱学之士、满腹经纶(lún)，但他说起话来，却也咬文嚼字、引经据典。老师就对他父母说："你的孩子已经学有所成，我已没有什么可教的了。"一家人便高高兴兴地把这位老师送走了。

老师走后不到半年，这儿子又要求出外求学，父母自然是满心欢喜，就把儿子送到宋国都城一家最有名望的学馆学习。这样，一学又是三年。

三年后，儿子从都城回到家中，个头长高了一截，说话也更加斯文。可他一眼望见自己的母亲时竟然直呼其名，惹得众邻人哄然大笑，弄得他母亲非常尴尬。他母亲疑惑不解地说："你在外求学三年，应该更加知书达理，怎么回来却叫我的名字，这是为什么啊？"儿子说："我认为的圣贤，没有谁能超过尧、舜的，可是人们对尧、舜都直接称呼他们的名字；我认为的最大事物，没有比天地最大的了，可是人们对天地也直呼它们的名字。如今母亲的贤德超不过尧舜，大不过天地，因此我才直呼母亲的名字。"

他母亲非常气愤，说："你所学的知识，准备全部在生活中运用吗？希望你换一种方式称呼我，不要直呼我的名字。你对于所学的知识，是否有些地方暂不运用？那希望你把直呼我名字的事，暂时推后一下。"

一位老者闻听此事后感叹道："这是因为学问多了而不善于

运用,才变得如此迂(yū)腐,以至于连基本的人世常识、人情伦理都忘却了。可悲啊!"

讽喻明理

原文

宋人有学者,三年反①而名其母②。其母曰:"子学三年,反而名我者,何也?"其子曰:"吾所贤者,无过尧、舜,尧、舜名;吾所大者,无大天地,天地名。今母贤不过尧、舜,母大不过天地,是以名母也。"其母曰:"子之于学者,将尽行之乎?愿子之有以易名母③也。子之于学也,将有所不行乎?愿子之且以名母为后④也。"

《战国策·魏策三》

注释

①反:同"返",回家。②名其母:直呼他母亲的名字。③以易名母:用别的方式来称呼母亲的名字。④名母为后:晚一点直呼母名。

道理

僵化地运用所学知识,而违背生活中的人情世故,其结果只能授人以笑柄。

8. 智伯之死

故事

智伯,名瑶,又称智囊子。春秋末年,晋国出现了四卿(韩氏、赵氏、魏氏、智氏)并峙的局面,其中智伯的力量最大。

智伯这个人贪得无厌,为了满足一己之贪欲,他公然向韩、魏、赵三家索要土地。韩、魏两家顾虑智氏的强盛,不愿公开与他作对,故各将一个万户邑献给智伯。等到他向赵氏索要蔡、皋(Gāo)狼之地时,却碰了钉子,由此而引出一场大战。

智伯率领韩、魏联军,把赵襄子围困在晋阳,决开晋水来淹晋阳,只差六尺就要把全城淹没,眼看赵氏指日可灭。智伯踌躇(chóuchú)满志,带着魏桓子、韩康子巡视水情,忘乎所以地说:"当初我不知道用水还可以灭掉别人的国家,现在我知道了。汾水便于淹灌安邑,绛水便于淹灌平阳。"魏桓子和韩康子听了这话,心里顿时"咯噔"一下,因为安邑属魏的领地,平阳属韩的领地。魏桓子用胳膊肘暗捅韩康子,韩康子用脚踩了一下魏桓子的足背,二人心领神会,已包藏着反戈一击的杀机。

智伯对魏、韩两家的动静毫无察觉,倒是有个叫郤疵(Xīcī)的人发现一些苗头,向智伯进言:"韩、魏两家必然会反叛。"智伯不解,郤疵解释道:"原来已经和两家约好,攻灭赵氏,三分其地。现在晋阳城马上就要攻破,两家面无喜色,反而有忧虑之态,大概是害怕赵氏灭亡之后,两家步其后尘。如果出于这样的考虑,那是一定要反叛的。"智伯将他的话转告了魏桓子和韩康子,魏、韩二君当然矢口否认,智伯也就没把这事放在心上。

这时,赵襄子暗中派人出城与魏、韩两家联络,相约里应外合,共灭智氏。智伯还沉浸在胜利的幻觉中,魏、韩两家已动手杀掉智氏守护河堤的军兵,大水反灌智伯军,军士忙于救水,乱作一团。赵襄子率军出城正面攻击,魏、韩两军侧翼夹击,智伯的军队大败。

智氏全族被诛灭,智伯被杀。一个迅速崛起、不可一世的智氏,就这样顷刻间从成功的巅峰跌到让千古笑谈的谷底。

原文

昔者六晋①之时,智氏最强,灭破范、中行,帅韩、魏以围赵襄子于晋阳。决晋水以灌晋阳,城不沉②者三板③耳。智伯出行④水,韩康子御,魏桓子骖乘⑤。智伯曰:"始,吾不知水之可亡人之国也,乃今知之。汾水利以灌安邑⑥,绛水利以灌平阳⑦。"魏桓子肘(zhǒu)韩康子,韩康子履(lǚ)魏桓子,蹑(niè)其踵(zhǒng)。肘足接于车上,而智氏分矣!⑧身死国亡,为天下笑。

(《战国策·秦策四》)

注释

①六晋:指春秋时六卿分晋。包括智氏、范氏、中行氏、魏氏、韩氏、赵氏。②沉:没。③板:二尺为一板。④行:巡视,视察。⑤韩康子御,魏桓子骖乘:三人共载为"骖乘",在左为骖,在右为御。⑥安邑:魏桓子的领地。⑦平阳:韩康子的领地。⑧肘足接于车上,而智氏分矣:指韩魏的肘足之谋,破智氏于车上。智氏灭亡,三家共分之。

道理

狂妄自大、目中无人的人,往往是出尽一时风头,却招惹一身是非。

9. 以鹤为战

故事

春秋时期，卫国国君卫懿公别的能耐没有，最喜欢养鹤。鹤，色洁形清，能鸣善舞，素来被人们奉为吉祥之物，而卫懿公是一位特殊的钟爱者。

在卫懿公的地盘上，这些鹤们都饱享清福，它们锦衣玉食，嬉戏于清澈明亮的山地温泉。

这些鹤们不但在卫懿公的地盘上横行无忌，而且每一只鹤还都有自己的名字，有的还被加封了大官，吃大夫级的俸禄。

卫懿公一出门，他的鹤们也分班跟从，乘坐的是"轩"，号称"鹤将军"。普通的车是直辕，"轩"是曲辕，曲辕的减震效果好，好像一个扣着的弓，坐着一颠一颠的，很软和，好像坐花轿；"轩"还带顶篷，是大夫级别的人才能享受的豪华车子，一般士人只能坐敞篷车。

俗谚云："上有所好，下必投焉。"因卫懿公偏好鹤，国人便多方罗织，竞相进献，凡献鹤者皆有重赏。养鹤之人，也常年有俸禄。卫懿公还向人民征收很重的赋税，以补充鹤的粮食，即便老百姓受冻挨饿，他也不愿去救济。

卫懿公成天忙活着伺候自己的鹤，国人怨声载道。

公元前660年，边境告急，北狄异族发动侵略战争，从北面杀得卫军连连败退。卫懿公连忙发兵器给国人，以抵御侵略，然而国人都不肯响应卫懿公的号召。他们说："您还是派您的鹤去出战吧！您的鹤实际上享有俸禄官位，我们哪里能打仗呢？"

卫懿公无计可施，连忙认错，并放飞了自己所养的鹤。接着，他又拿出所有的珍宝分发给将帅，然后亲自率军征战。

这样玩物丧志的国君,率领着素无训练的军队,胜败可想而知。狄人很快打败了卫国,占领了卫国的国都,卫懿公也在战场上惨死。

后来,卫懿公的儿子卫文公在齐桓公的帮助下,勉强复国。

原文

冬十二月,狄人①伐卫。卫懿(yì)公好鹤。鹤有乘轩(xuān)②者。将战,国人受甲者③皆曰:"使鹤,鹤实有禄位,余④焉能战?"

(《左传·闵公二年》)

注释

①狄人:卫国北部的少数民族。②轩:大夫以上有身份的人乘坐的车子。③受甲者:拿到武器的人。④余:我们。

道理

玩物而丧志者,症结在于过分追求享乐,把享乐视为生活的唯一。

10. 华而不实

故事

春秋时期，晋国的大夫阳处父出使到卫国，回来路过宁邑（今河南省获嘉县），住在一家客店里。店主姓嬴，看见阳处父相貌堂堂，举止不凡，十分钦佩，便悄悄对妻子说："我早想投奔一位品德高尚的人，可是多少年来，随时留心，却没找到一个合意的。今天我看阳处父这个人不错，我决心跟他去了。"妻子说："好男儿志在四方，家里父母有我照料，你放心去吧。"

店主征得阳处父的同意，告别妻子，跟着阳处父走了。一路上，店主同阳处父边走边谈，还没有走出宁邑多远，店主就改变了主意，和阳处父分了手，返回到家里。

店主的妻子见丈夫突然折回来，很是纳闷儿，于是问道："你好不容易遇到这么一个品德高尚的人，怎么又不跟他去呢？你不是决心很大吗？家里的事你尽管放心好了。"

店主叹息地说："俗话说，知人知面不知心，只有跟一个人打了交道之后，才能了解他的品质。开始，我看到阳处父长得一表人才，说起话来滔滔不绝，以为他可以信赖，所以跟他去了。可是，通过在路上的交谈，我渐渐地了解到他这个人的两个特点：第一，他性格过于刚直，性格刚直本来是好事，但过于刚直就是刚愎自用了。他常常是以自我为中心，听不进别人的意见。《商书》说：'深沉的人要用刚直来克服，爽朗的人要用柔弱来克服。'上天纯阳，属于刚直的德行，尚且不触犯寒暑四时的运行次序，更何况人呢？阳处父只具备刚直的特点，恐怕不得善终吧。"

"这只是他性格的一个特点，另一个特点呢？"妻子问。

店主皱皱眉头，接着说："阳处父的另一特点是说话夸夸其谈，貌似洋洋洒洒，实则空洞无物，这样的华而不实，只会为自己聚集怨恨。触犯别人而聚集怨恨，不能够安定自身。我害怕跟他一去，不但没有得到教育，反倒遭受祸害，所以就打消了原来的主意，早早地跑回来了。"

果然，华而不实的阳处父因为得罪了很多人，没多久就被杀了。

讽喻明理

原文

晋阳处父聘于卫，反过宁①，宁嬴(yíng)②从之，及温③而还。其妻问之，嬴曰："以④刚。《商书》曰：'沈渐刚克，高明柔克。'⑤夫子壹⑥之，其不没⑦乎。天为刚德⑧，犹不干⑨时，况在人乎？且华而不实，怨之所聚也，犯而聚怨，不可以定身⑩。余惧不获其利而离⑪其难，是以去之。"

（《左传·文公五年》）

注释

①宁：地名，属于晋国。②宁嬴：旅馆主人。③温：温山，在今河南修武县北五十里。④以：太，甚。⑤沈渐刚克，高明柔克：深沉的人要用刚直来克服，爽朗的人要用柔弱来克服。⑥壹：只具备其中之一。⑦没：同"殁"，死。⑧刚德：刚直的德行。⑨干：触犯。⑩定身：安定自身。⑪离：通"罹"，遭受。

道理

夸夸其谈的人，心总是悬浮于半空中，不能脚踏实地，什么事也干不成。

七、举贤任能

JUXIANRENNENG
CHUDUGUOXUE

1、惊弓之鸟
2、淳于髡荐士
3、用人不疑
4、公叔荐相
5、千金求马
6、任贤不避仇
7、知子莫如父
8、谤书盈箧
9、楚材晋用

1. 惊弓之鸟

从前,有一个名叫更羸的人,是一位非常有名的神箭手。他不仅射箭技术高超,而且善于观察揣(chuǎi)测所射对象的细微差别,随机调整射箭的方式方法。因此,他射出的箭常常是百发百中,在当时无人能比。

有一天,他奉命陪魏王在王室后花园里喝酒聊天,话很投机,酒自然就多饮了几杯。酒后,他和魏王一起在花园里面的高台下散步,一只鸟刚好从他们头上飞过。于是,更羸便来了兴致,他对魏王说:"我为大王表演一个拉弓虚射就能使鸟掉下来的技能,可以吗?"魏王点头笑笑说:"可以啊,不过你的射箭技术能达到这么高的水平吗?"更羸非常自信地回答说:"能啊。大王您就等着看吧。"

过了没有多久,一只孤雁从东方缓缓地向王室花园上空飞来。更羸等那孤雁快飞到自己头顶上空时,就立即摆好姿势,拉满弓弦,只那么虚射一箭,那只孤雁便应声而落。

魏王简直不敢相信自己的眼睛,惊叹道:"没想到你的射箭技术竟然达到了如此地步。"更羸放下弓解释说:"大王过奖了,这其实与射箭技术的高低无关。因为刚才掉下来的是一只有隐伤的鸟,它是听见弦(xián)声惊悸(jì)而下落的,并非我的射箭技术高明!"魏王不听则罢,听更羸这么一说,就更加纳闷了。

他不解地问道:"大雁原本好好地在天空中飞着,先生怎么会知道它有隐伤呢?"更羸回答说:"大王难道没注意到吗?这只大雁飞得缓慢,叫得悲切。飞得缓慢,是因为有旧伤;叫得悲切,是因为长久失群。原来的伤口没有愈合,惊恐的心理还没有消除,一听到弓弦的声音,就猛一下子搧动翅膀往高处飞,瞬间牵动旧的创伤,疼得它从空中跌落下来。"

魏王说:"我终于明白先生之所以不同常人的原因了。"

举贤任能

原文

异日者,更羸(léi)①与魏王处京台②之下,仰见飞鸟,更羸谓魏王曰:"臣为王引弓虚发③而下鸟④。"魏王曰:"然则射可至此乎?"更羸曰:"可。"有间(jiàn)⑤,雁从东方来,更羸以虚发而下之。魏王曰:"然则射可至此乎?"更羸曰:"此孽(niè)⑥也。"王曰:"先生何以知之?"对曰:"其飞徐⑦而鸣悲。飞徐者,故疮(chuāng)⑧痛也;鸣悲者,久失群也。故疮未息而惊心未至⑨也。闻弦音,引而高飞,故疮陨(yǔn)⑩也。"

(《战国策·楚策四》)

注释

①更羸:战国时的名射手。②京台:高台。③虚发:虚拉弓弦,不放箭。④下鸟:使鸟落下。⑤有间:过了一段时间。⑥孽:病。⑦徐:缓慢。⑧故疮:旧伤。⑨至:去,消除。⑩陨:从高处掉下。

道理

取得非凡的效果,有时不靠高强的技能,而是依赖超乎寻常的洞察力和判断力。

135

2. 淳于髡荐士

春秋战国时期,各地诸侯纷纷招贤纳士,以求富民强国之策,齐宣王就是一例。他求贤时,首先诏令天下,希望人们积极荐贤举士。

有个叫淳于髡的人积极响应,他在一天内连续向齐宣王推荐了七名贤士。齐宣王虽然很高兴,但对顷刻间出现的这么多贤士总感到怀疑。

于是,齐宣王把淳于髡叫到跟前,对他说:"先生,我有一个疑点想问问你。我听说,能在方圆千里的范围内找到一位贤人,那么天下的贤人就多得可以肩并肩地排成行站在你面前。在古今上下近百代的范围内能出现一个圣人,那么世上的圣人就多得可以脚尖挨着脚跟地向你走来。可先生竟然在一天的时间里就给我推荐了七位贤人,如此看来,贤人岂不遍地皆是了吗?"

淳于髡笑了笑,对齐宣王说:"大王您听我说,人以群分,物以类聚。同类的鸟,它们总是栖(qī)息在一起;同类的野兽,它们也总是行走在一起。如果我们到低洼潮湿的地方去寻找柴胡、桔梗(jiégěng)这些植物,别说是短短的几天,就是几辈子也不会找到一棵;但是如果到山上去找,那就多得可以用车去装了。万物都是以同类相聚的。我淳于髡向来与贤士为伍,我的朋友个个都是德性高尚、才智非凡的人。大王您找我寻求贤士,这就像在河里舀(yǎo)水,在火石上取火一样,轻而易得,取之不竭,您怎么能嫌我一天之内给您举荐的贤士太多了呢?我周围的贤士多得很,岂止这七个人呢!今后,我还要继续向大王推荐呢。"

淳于髡一番话,使齐宣王茅塞顿开,心服口服。他不无感慨地说:"看起来,世上的人才不是少了,而是我们没有找到识别人才的方法和途径啊!"

举贤任能

原文

淳于髡(kūn)①一日而见②七士于宣王。王曰:"子来!寡人闻之,千里而一士,是比肩③而立;百世而一圣,若随踵(zhǒng)④而至也。今子一朝而见七士,则士不亦众乎?"

淳于髡曰:"不然!夫鸟同翼者而聚居,兽同足者而俱行。今求柴葫、桔梗⑤于沮(jù)泽⑥,则累世不得一焉。及之睾(gāo)黍(shǔ)、梁父之阴⑦,则郄车而载耳⑧。夫物各有畴(chóu)⑨,今髡,贤者之畴也。王求士于髡,譬若挹(yì)⑩水于河,而取火于燧(suì)⑪也。髡将复见之,岂特⑫七士也。"

(《战国策·齐策三》)

注释

①淳于髡:人名,齐国人。②见:举荐。③比肩:肩膀挨着肩膀。④随踵:脚尖挨着脚跟。⑤柴葫、桔梗:生长在山上的草。⑥沮泽:低洼积水地带。⑦及之睾黍、梁父之阴:睾黍、梁父,山名。山北为阴。⑧郄车而载耳:指非常多,能满车装载。郄,空隙。⑨畴:同类。⑩挹:舀,汲取。⑪燧:古代取火器。⑫特:仅,只。

道理

选拔人才要讲究方法。方法对,人才易得;方法不对,人才难求。

3. 用人不疑

春秋末期,各诸侯国为了称雄一方,相互之间尔虞我诈,你争我夺。秦、楚、齐、燕、韩、魏、赵这七个诸侯国当时称雄于天下,他们之间因利益驱使,时而合作,时而为敌。

秦国与齐国并不接壤,但不知什么原因,位于西北的秦国却派军队借道韩、魏,长途跋(bá)涉去进攻远在山东的齐国。齐威王得到探报后,立即派匡(kuāng)章率兵在边境迎击秦军。

在与秦军对垒的过程中,两国各派使节交往,匡章便趁机让一部分齐军士兵换成秦军衣饰,打着秦军的旗号,冒充秦军,混入秦国军队之中。

匡章的这一举动被不知其意的齐国侦察人员看得清清楚楚,他们赶紧向齐威王报告说:"匡章让齐兵投降了秦军。"齐威王听了,没有理睬。过了不久,侦察人员又报告说:"匡章让齐兵投降了秦军。"齐威王听了,还是没有理睬。就这样,一连三次,齐威王都没有理睬。他身边专门负责处理军队事务的大臣不解地问:"边境密报都异口同声地说匡章已叛变投敌,大王为何不派大将军去讨伐呢?"齐威王说:"匡章不会叛变投敌,又为何要去讨伐呢?"

过了不久,边境线上传来捷报:"齐军大胜,秦军大败。"秦王向齐王俯首称作"西藩(fān)之臣",请求恕罪。

这时,齐国的大臣们问道:"大王是怎么知道匡章不会叛变投敌的呢?"齐威王说:"匡章的母亲得罪了他的父亲,匡章的父亲杀了她,埋在马栈(zhàn)下面。我派遣匡章率兵迎击秦军,勉励他说:'你如果打了胜仗,全军返还,我一定为将军的母亲迁葬。'匡章说:'我并不是不能为我母亲迁葬。我的母亲得罪了我父亲,被我父亲所杀,埋在马栈之下。我父亲未能让我迁葬,就去世了。我没有得到父亲的指示就迁葬母亲,这是对死去父亲的欺骗。所以,我不敢迁葬。'作为人子,都不敢欺骗死去的父亲,作为人臣,又怎会欺骗活着的国君呢?"

众大臣齐声称赞:"威王英明。"

原文

秦假道①韩、魏以攻齐,齐威王使章子②将而应③之。与秦交和④而舍⑤,使者数相往来,章子为变其徽章⑥,以杂秦军⑦。候者⑧言:"章子以齐入秦。"威王不应。顷之间,候者复言:"章子以齐兵降秦。"威王不应,而此者三。有司请曰:"言章子之叛者,异人而同辞,王何不发将而击之?"王曰:"此不叛寡人明矣,曷(hé)为⑨而击之?"

(《战国策·齐策一》)

注释

①假道:借道。自秦往齐,经过韩、魏,所以借道。②章子:人名,匡章。③应:应对,应战。④交和:指两军相对。⑤舍:驻扎。⑥变其徽章:改变标识,换上敌军的旗号和衣饰。⑦以杂秦军:冒充秦军。⑧候者:这里指齐国的侦察人员。⑨曷为:为何。

道理

用人不疑不是盲目相信,其前提是深透地了解所用之人。

4. 公叔荐相

这天,魏惠王刚上朝就听说宰相公叔痤病重了,他匆匆忙忙处理完手边的公务,便前往宰相府去探望。

安慰了一番之后,惠王说:"公叔这一病,万一有什么不幸,国家大事可怎么办呢?"公叔痤回答说:"我手下有一侍从名叫公孙鞅,此人聪慧好学,精通法理,虽然年少,但很有才,希望大王就把国家大事交给他吧。"惠王听了之后,对公叔痤的提议没有表态。公叔痤又让左右的人离开,单独向惠王进言:"大王如果不愿采纳臣的建议,不想任用公孙鞅,那就赶快把他杀掉,一定不能让他离开魏国。"惠王对此还是未置可否,只是安慰他安心养病,便告辞回宫。

在回去的路上,惠王沉思良久,而后对左右的大臣说:"真想不到,公叔竟然说出这样的话,难道不可悲吗?凭他这样贤能的人,怎能让我把国家大事交给公孙鞅呢,这不太糊涂了吗?"左右大臣也觉得公叔痤太糊涂,便随声附和着。

几天后,公叔痤死了,魏惠王想起了公叔痤对他说过的话,立即派人抓捕公孙鞅,而公孙鞅在公叔痤葬礼之后,就匆忙逃跑了。

公孙鞅越过国境,向西到了秦国,并通过宦官景监的引荐,三次与秦孝公会面,畅谈变法治国之策。秦孝公非常高兴,任命公孙鞅为左庶长,开始变法,秦国从此走上强盛之路,而魏国却渐渐衰弱下去。

后来,有人评价此事时说:"这不是公叔痤糊涂,而是魏惠王糊涂啊!糊涂人的危害,就是把不糊涂的人当做糊涂人啊!"

举贤任能

原文

魏公叔痤(cuó)病,惠王往问之。曰:"公叔病,即不可讳(huì)①,将奈(nài)社稷何②?"公叔痤对曰:"痤有御庶子公孙鞅③,愿王以国事听之也。为弗能听,勿使出竟④。"王弗应,出而谓左右曰:"岂不悲哉!以公叔之贤,而谓寡人必以国事听鞅,不亦悖(bèi)⑤乎!"

公叔痤死,公孙鞅闻之,已葬,西之⑥秦,孝公受而用之。秦果日以强,魏日以削⑦。此非公叔之悖也,惠王之悖也。悖者之患,固以不悖者为悖。

(《战国策·魏策一》)

注释

①即不可讳:如果有什么不幸。②将奈社稷何:国家大事可怎么办呢?③痤有御庶子公孙鞅:公叔痤有个家臣叫公孙鞅。公孙鞅就是著名的商鞅。④竟:通"境",边境。⑤悖:糊涂。⑥之:前往,去到。⑦削:削减,削弱。

道理

总是觉得别人都糊涂而唯有自己清楚,别人都愚笨而唯有自己聪明,这样的人其实最糊涂、最愚笨。

5. 千金求马

公元前318年,燕国发生内乱,齐国乘机攻打燕国,杀死了燕王哙(kuài)。不久,燕昭王即位。为了收复失地,他亲自登门向燕国贤者郭隗(kuí)请教寻求贤能人才的计策。

郭隗说:"成就帝业的国君,把贤人作为老师看待;成就王业的国君,把贤人作为朋友看待;成就霸业的人,把贤人作为大臣看待;而连国家也保不住的国君,则把贤人作为奴隶看待。大王如果能够虚心听取贤人的教导,恭恭敬敬地拜他为师,那么,天下的贤人就会归附到燕国来。"

燕昭王说:"我倒真想向所有的贤人学习,只是不知道先召见谁最合适?"

郭隗没有直接回答,而是讲了这么一个故事——

从前有个国王想用千金去买一匹千里马,但三年过去了也没有买到。

有个大臣对国王说:"让我来为大王效劳吧!"

过了三个月,那个大臣找到了一匹千里马,可已经死了,就花了五百两黄金,买回了那匹死马的头。

国王大怒道:"我要的是活马,死马有什么用?谁让你用重金去买死马的!"

大臣说:"一匹死了的千里马尚且肯花五百两黄金,更何况活的千里马呢?这样,天下的人必然会认为大王是诚心要买千里马的人,肯定会把千里马送上门来。"

果然,不到一年时间,就有三匹千里马送上门来。

郭隗讲完故事,又说:"现在大王如果真想寻求贤人做老师,那就请从我开始吧。像我郭隗这样的人都能够受到重用，何况比我更有才能的人呢？他们一定会从千里之外赶来的。"

燕昭王觉得郭隗说得很有道理，就尊他为师，并且为他修建了官邸。这件事传开以后，很多贤能的人从各国纷纷前来投奔燕昭王。燕国依靠这些人才，最后终于打败了齐国。

举贤任能

原文

古之君人①有以千金求千里马者，三年不能得。涓(juān)人②言于君曰："请求之。"君遣之。三月，得千里马，马已死，买其首五百金，反以报君。君大怒曰："所求者生马，安事死马而捐五百金？"涓人对曰："死马且买之五百金，况生马乎？天下必以王为能市马，马今至矣！"于是不能期(jī)年③，千里之马至者三。

（《战国策·燕策一》）

注释

①古之君人：古代的君王。②涓人：指在左右担任洒扫的人，也指亲信侍臣。③不能期年：不到一年。

道理

选拔重用人才，不能仅仅停留在口头上，要付诸切实有效的行动。

6. 任贤不避仇

晋国大夫胥臣出使鲁国时，在冀地的郊野住了一晚。

第二天，他看见路旁一块田地里，一个青年正在大汗淋漓地锄草。一会儿，那青年的妻子送饭来了，她将饭碗高举过头顶，十分恭敬地送给丈夫吃。丈夫也以同样的礼节回敬妻子，夫妻之间相敬如宾。

胥臣很有感触地说："夫妻之间如此敬重恩爱，真是有德之人呀！假如有这样的人来治理晋国，国家肯定会兴旺不衰。"于是他走下车来，亲切地与那年轻人交谈，了解了相关情况之后，便邀请他一起来到晋国。

到京城后，胥臣向晋文公汇报完出使情况之后，便推荐那年轻人说："我发现了一位优秀的人才，现在推荐给您。"

"是谁？"晋文公十分感兴趣。

"他是晋国原大夫冀芮的儿子冀缺。"胥臣郑重地说。

"什么？冀缺？他是我的仇人啊。"胥臣的一句话，唤起了晋文公不愉快的回忆：当年，他刚刚即位时，大夫吕甥、冀芮密谋造反，放火烧了自己的宫室，逼得自己只好拼命逃跑，幸亏岳父秦穆公及时出现，捕杀了这两个逆贼，否则他的脑袋早搬家了。想到这，晋文公怒火中烧："他的父亲有罪，我还能任用他吗？"

胥臣回答说："任用国家的良士，不必计较他前辈的罪过。从前，舜依据法律处死了鲧（Gǔn），后来选拔人才时却启用了鲧的儿子禹；管仲曾经用箭射齐桓公，是齐桓公的仇人，但是后来齐桓公却任用管仲为相，成就了霸业。《尚书》说：'父子兄弟的罪过，都应由其个人负责，彼此之间互不涉及。'您应该根据他的才德任用他。"

晋文公还有疑虑："你根据什么知道他有才德？"

胥臣汇报了他在冀地看到的情况，并说："我看他时时刻刻不忘恭敬，恭敬是一种美德，为人处世恭敬，做什么事能不成功呢？"

晋文公被说服了，就接见了冀缺，并让他担任了下军的大夫。晋文公死后，晋襄公在箕(jī)地打败狄人时，冀缺立下了汗马功劳。

【举贤任能】

原文

臼(jiù)季①使，舍于冀②野。冀缺薅(hāo)③，其妻馌(yè)④之，敬，相待如宾。从而问之，冀芮(ruì)之子也，与之归；既复命，而进之曰："臣得贤人，敢以告。"文公曰："其父有罪⑤，可乎？"对曰："国之良也，灭⑥其前恶……"公曰："子何以知其贤也？"对曰："臣见其不忘敬也。夫敬，德之恪(kè)⑦也。恪于德以临事，其何不济！"公见之，使为下军大夫。

（《国语·晋语五》）

注释

①臼季：即胥臣，晋国大夫。②冀：晋国的一个小城。③冀缺薅：冀缺，人名，晋国大夫冀芮的儿子。薅，除草。④馌：给在田里干活的人送饭。⑤其父有罪：指晋文公元年，冀芮和吕甥合谋要杀文公，烧了文公的住处，但谋杀未成，反被秦穆公杀掉之事。⑥灭：消除。⑦恪：恭敬。

道理

恭敬是一种人生姿态，有了恭敬之心，无论做什么事，都会尽心尽力、兢兢业业。

7. 知子莫如父

故事

公元前570年,晋国的中军尉祁奚70多岁了。因深感力不从心,他决定辞去中军尉这个职务。但他深知这个职位举足轻重,把它传给谁呢?祁奚很是动了一番脑筋。

第二天一上朝,当着众大臣的面,祁奚对晋悼公说:"经过多年的努力,我国政通人和,百废已兴。我本想再为国家多效力几年,却时时感到力不从心,建议主公选拔一个德才兼备、年富力强的人来接替我。"

听祁奚这么一说,晋悼公忙说:"中军尉是个位高权重的职务,你看由谁接替你最合适呢?"

祁奚胸有成竹地回答:"我反复考虑,能胜任这个工作的人莫过于子午了。"

大臣们一听,纷纷交头接耳,晋悼公听了,眼睛瞪得像铃铛一样,连忙问:"子午不是您的儿子吗?"

祁奚一脸严肃,郑重其事地说:"主公问的是谁接替这个职务最合适,并没问谁是我的儿子。俗话说:'选择臣子,没有人赶得上国君;挑选儿子,没有人赶得上父亲。'我知道子午完全可以胜任中军尉这一职务。"

晋悼公心里充满了对祁奚的信任,说:"我同意你的意见。不过,你怎么知道你的儿子可以胜任这一职务呢?"

祁奚微微一笑,说:"从他平时的言行中就可以了解。他小时候温顺听话,出外游玩时必事先告知去向,外出逗留时必事先告知场所,好学上进而不贪玩。他长大以后,记忆力强而且做事努力,坚守正业而不乱为。他成人以后,平和文雅,恭敬有礼,对小事仁义而有耐心,遇大事镇静而不慌张,性格质朴耿直而不放纵自己。不符合义的事,他不去做;没有长辈的命令,他不行动。如果让他治理军政事务,他将会比我强。请允许我推荐我的儿子,请主公酌(zhuó)情决定。"

大臣们无话可说,晋悼公也暗暗点头:"祁奚内举不避亲,可以说是唯才是举的人了。"就任命子午担任中军尉。

后来,子午兢(jīng)兢业业地工作,军中没有出现过一次失误的军令。

原文

祁奚(Qíxī)①辞②于军尉,公问焉,曰:"孰可?"对曰:"臣之子午可。人有言曰:'择臣莫若君,择子莫若父。'午之少也,婉(wǎn)③以从令,游有乡④,处有所,好学而不戏。其壮也,强志⑤而用命,守业而不淫⑥。其冠⑦也,和安而好敬,柔惠小物,而镇定大事,有直质而无流⑧心。非义不变,非上⑨不举。若临大事,其可以贤于臣。臣请荐所能择而君比义⑩焉。"

(《国语·晋语七》)

注释

①祁奚:字黄羊,晋国大夫。晋悼公即位后,拜为中军尉。②辞:年老辞职。③婉:温顺。④乡:同"向",去向。⑤志:识。⑥淫:乱。⑥冠:戴帽子。古时男子20岁举行冠礼,戴冠表示已成人。⑧流:放纵。⑨上:长辈。⑩比义:比,比较。义,同"宜",合宜,合适。

道理

选拔任用人才的条件是德才兼备,他人德才兼备可用,亲人德才兼备也可用。

8. 谤书盈箧

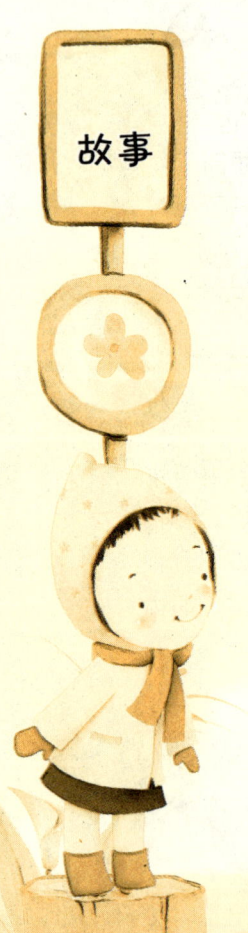

故事

乐羊奉魏文侯之命率兵攻打中山国,历时三年方才攻下。班师回朝那天,他率领大军刚到魏国的都城安邑城外,就瞧见魏文侯在那儿等着他。

魏文侯慰问他说:"将军为了国家,舍了自己的儿子,我真过意不去。"乐羊叩拜行礼之后,献上中山国的地图和战利品,魏文侯请他到宫里去喝酒。宴席上,由于乐羊立了大功,谁都向他表示钦佩,给他敬酒,他不由得显出有些骄傲的神气来。

宴会结束后,魏文侯赏他一只箱子,箱子上下封得挺严。乐羊一看,心里想:这箱子里面装的不是黄金,就是白玉,大概魏文侯怕别人见了引起嫉妒,才这么封着。他越想越得意,当时就叫手下的人很小心地把箱子搬到家里去。等他回到家里,打开箱子一看,愣了。箱子里装的不是什么宝贝,全是朝廷里大臣们给魏文侯上的奏章!

他随便拿起一本奏章,上面写道:"乐羊连打胜仗,中山国眼看就能攻下来了。但是为了乐舒(乐羊之子,魏军攻打中山国时,他在中山国做官,由于没能够劝其父退兵,被中山国所杀)的一句话,就不再攻。父子私情,于此可见。"他又拿起一个奏章,上面写着:"主公如不召回乐羊,恐怕后患难防。"其余的奏章大都写着:"再让乐羊留在中山国,怕是连五万大军也要断送了。""当初拜乐羊为大将,已经错了主意。""人情莫过于父子,乐羊怎么能忍心伤害自己的骨肉?"乐羊一边看,一边掉眼泪。他说:"想不到朝廷中有这么多人在背后毁谤我!要是主公不能坚决地信任我,我哪能成功呢?"

第二天，乐羊上朝谢恩。魏文侯要封他，乐羊再三推辞说："中山国能够打下来，全是主公的力量，我有什么功劳可说。"魏文侯说："倒也是，除了我，没有人能够这么信任你；可是除了你，也没有人能够收复中山国。你辛苦了，我封你为灵寿君。"

乐羊谢了国君，就动身到封地灵寿（属中山国，在河北省正定县北）去了。

【举贤任能】

原文

魏文侯令乐羊①将攻中山，三年而拔②之。乐羊反而语功③，文侯示之谤书一箧（qiè）④。乐羊再拜稽首⑤曰："此非臣之功，主君之力也。"

（《战国策·秦策二》）

注释

①乐羊：人名。②拔：攻克。③反而语功：回来汇报作战经过时，流露出炫耀战功的神色。④箧：小箱子。⑤稽首：跪下磕头谢罪。

道理

为冲锋在前的人保驾护航，需要有能够担当的气度。

9. 楚材晋用

故事

春秋时期，楚国大夫伍举听到消息说，他的岳父犯法获罪，自己也要受到株连，便只身一人逃到郑国。在那里，伍举巧遇出使晋国的蔡国大夫声子，声子决定帮助伍举重新回到楚国。

于是，声子在完成出使任务回国途中，顺便到了楚国。楚国令尹子木接见了他，向他了解一些晋国的情况。子木问道："晋国的大夫和楚国的大夫相比，哪国的大夫更贤能呢？"声子回答说："虽然晋卿不如楚卿，但是晋国的大夫却很贤能，几乎个个都有做公卿的才能。就像杞木、梓木、皮革都是从楚国运去的一样，楚国的一些人才，都流到晋国去了。这就是说，虽然楚国有人才，但是晋国却实实在在地使用他们，发挥他们的才干。"

接着，声子谈了许多实际例子。如，楚庄王元年发生子仪之乱的时候，析公逃亡到晋国，晋国把他安置在晋侯战车的后面，让他做主要谋士。在绕角战役中，晋军失利，已经准备逃跑了，析公建议说："楚军轻佻(tiāo)，容易被动摇。如果齐擂战鼓，在夜里全军进攻，楚军一定逃跑。"晋国人采纳了他的意见，果然大获全胜。

如，雍(yōng)子的父亲和哥哥诬陷雍子，国君和大夫们不给他主持公道，雍子只好逃奔到晋国。晋国人给他封邑，让他做主要谋士。彭城战役中，晋军与楚军在靡角之谷相遇，晋军就要逃跑了，雍子向军队发布命令说："年老的和年幼的都回去，孤儿和有病的都回去，兄弟二人同服兵役的，回去一个；精选步兵，检阅兵士，喂饱战马，烧掉帐篷，明天决战。"结果，晋军把楚军打败了。

如，灵子逃奔到晋国，晋国人给他封邑，让他做主要谋士。灵子抵御了北狄，让吴国和晋国通好，教吴国背叛楚国，教吴人乘战车、射箭、驾车、奔驰作战,等等,给楚国留下了不少祸患。

如,若敖叛乱中,伯贲(bēn)的儿子贲皇逃奔到晋国。晋国人给他封邑,让他做主要谋士。在鄢陵战役中,晋军就要逃跑了,贲皇建议说,楚军的精锐部队是中军王族,应集中力量攻击他们。晋军照此行事,结果大获全胜。

谈完这些以往的事例之后,声子又谈到眼下伍举被迫逃亡到郑国的事。令尹子木害怕了,连忙向楚王报告,增加伍举的官禄爵位,把他接回国内。

举贤任能

原文

声子通使于晋①。还如楚②,令尹子木③与之语,问晋故④焉。且曰:"晋大夫与楚孰贤?"对曰:"晋卿不如楚,其大夫则贤,皆卿材⑤也。如杞(qǐ)梓(zǐ)⑥、皮革,自楚往也。虽楚有材,晋实用之。"

(《左传·襄公二十六年》)

注释

①声子通使于晋:声子到晋国去当使节。声子:蔡国太师子朝的儿子,字归生。②还如楚:回国时到了楚国。如:到。③子木:屈建,楚国令尹。④问晋故:问起晋国的事。⑤皆卿材:都是做卿的人才。⑥杞、梓:楚国出产的两种优质木材。

道理

没有人才应引进人才,有了人才应留住人才;如果漠视人才,让人才流失,那是愚蠢的行为。

八、励志戒骄

LIZHIJIEJIAO
CHUDUGUOXUE

1、引锥刺股

2、滥祭海鸟

3、死而不朽

4、范献子立身

5、师旷论乐

6、自求多福

7、安步当车

8、趾高气扬

9、卧薪尝胆

1. 引锥刺股

故事

战国年间,秦惠文王励精图治,招揽贤才。东周洛阳有个叫苏秦的人应募前往,他一次又一次地上书陈述自己治国安邦的大计,但都未能被秦惠文王采纳。这期间,他的衣服穿破了,钱也用完了,只得落魄而归。一路上,他打着绑腿,穿着草鞋,背着书袋,到家时,神情憔悴,脸色黄黑。父母见儿子这般没出息,对他不理不睬;妻子更不必说了,坐在纺车上织布,不用正眼看他。他肚子饿极了,只得厚着脸皮向嫂嫂讨一碗饭吃。嫂嫂对他也没有好脸色,厉声地说:"还吃饭?连烧饭的柴火都没有了!"苏秦被抢白得几乎流出泪来。

他回到自己房中,仰首长叹:"父母不认我是儿子,妻子不认我是丈夫,嫂子不认我是小叔子,这全是我的过错!"于是,他连夜清检书籍,把几十个书箱打开,找到姜子牙的《太公阴符》,立即伏案诵读,反复研习揣摩。读书困倦的时候,他就用锥子扎自己的大腿防止瞌睡,扎出的血一直流到脚踝(huái)。就这样,苏秦夜以继日地研究姜子牙的《太公阴符》,大有收获。

后来,苏秦终于干出了一番事业,成了当时纵横家的代表人物。他先前在秦国献出的一统天下的谋略没有被采纳,如今他改变方向,说服齐、楚、韩、赵、魏、燕六国联合起来,结成"和纵"战线,一致反抗强大的秦国,阻止秦国出潼关一步。此时,他佩带了六国的相印。

苏秦从楚国回赵国时,仪仗队摆了有几里路长,车前车后,骑兵步卒执戈持盾,旌旗蔽天。各国诸侯派来专使,随节护送,如同国君出巡一般。

励志戒骄

原文

　　黑貂(diāo)之裘(qiú)弊,黄金百斤尽,资用乏绝,去秦而归。赢(léi)滕(téng)履屫(juē)①,负书担橐(tuó)②,形容枯槁(gǎo),面目犁③黑,状有归④色。归至家,妻不下纴(rèn)⑤,嫂不为炊,父母不与言。苏秦喟(kuì)⑥然叹曰:"妻不以我为夫,嫂不以我为叔,父母不以我为子,是皆秦之罪也!"乃夜发书,陈箧(qiè)数十,得《太公阴符》⑦之谋,伏而诵之,简练⑧以为揣摩。读书欲睡,引锥(zhuī)自刺其股,血流至踵。

(《战国策·秦策一》)

注释

　　①赢滕履屫:腿上打着绑腿,脚上穿着草鞋。赢:包扎缠绕。滕:绑腿布。履:鞋,此处做动词,穿鞋。屫:草鞋。②负书担橐:背着书袋,挑着行李。橐,同"囊",行李。③犁,同"黧",黑黄色。④归:通"愧",羞愧。⑤妻不下纴:妻子没有停下手中纺织的活儿。纴,织布帛的丝缕。⑥喟:叹声。⑦《太公阴符》:太公,指姜太公尚。《太公阴符》相传为太公所作的兵法权术之书。⑧简练:简,通"柬",选择。练,练丝。指在学术技艺上下工夫磨练。

道理

　　在追求理想的过程中,遭遇挫折是难免的,关键是要有不达目的誓不罢休的坚持和拼搏。

2. 滥祭海鸟

展禽,后人尊称柳下惠,是春秋时期的一位著名历史人物,比他稍晚的孔子和孟子对他非常推崇。

这一年,有一个名叫"爱居"的海鸟,停留在鲁国东门城楼的楼顶上,三天都不飞走。这种情况太奇怪了,于是鲁国一个叫臧文仲的大夫,命令大家都去祭祀,把海鸟当做神来供奉。

展禽看不惯了。

又是一个春和景明的日子,臧文仲正率领一班文武大臣及老百姓,对着海鸟焚香磕头,虔诚地祭祀,展禽来了,严肃地对臧文仲说:

"太离谱了!你竟然这样处理政事。祭祀,是国家的重要制度;制度,是为了成就国家大事的。我们要慎重地对待祭祀,使它成为国家的大法。你现在无缘无故地增加祭祀,这不是处理国家大事的正确做法。"

臧文仲问:"为什么呢?"

展禽微微一笑,说:"祭祀是有原则的。祭祀是我们纪念历史上有突出贡献的人的一种方式,如黄帝、颛顼(Zhuānxū)、尧、舜、禹……直到周文王、周武王这些人,都值得我们去祭祀。"

臧文仲说:"可是,有些神物,我们也应该顶礼膜拜啊。"

展禽说:"不错。地上的山川和五谷,值得我们祭祀;天上的日月和星辰,也值得我们去祭祀。没有它们,也就没有我们的存在。"

臧文仲疑惑了:"可是海鸟也是神物啊!"

展禽解释道:"海鸟不过是一种普通的鸟罢了,它哪里知道自己要成为被祭祀的对象啊。它对人民有什么功德?你这样祭祀它,实在不是仁德和明智的举动。现在大海恐怕要发生灾难吧?大海中的鸟兽会预先知道祸患的。它们飞到这里来,大概是为了躲避灾祸吧。"

事情果然如展禽所料,这一年,海上经常刮大风,冬季却非常暖和,节令反常。海鸟飞到这里,确实是为了躲避灾祸的。

78岁的展禽,以自己的博学多才,折服了臧文仲。

原文

海鸟曰"爰(yuán)居",止①于鲁东门之外三日,臧文仲使国人祭之。展禽曰:"越②哉,臧孙之为政③也! 夫祀(sì),国之大节④也;而节,政之所成也。故慎制祀以为国典⑤。今无故而加典,非政之宜也。"

(《国语·鲁语上》)

注释

①止:停留。②越:指越礼。③为政:处理政事。④节:制度。⑤典:法。

道理

制止愚昧的行为,需要依赖科学知识的力量,揭开其原本荒唐的面纱。

3. 死而不朽

故事

公元前549年，鲁襄公派大夫叔孙穆子到晋国去访问。

晋国的正卿范宣子接待了他，并且与他交谈起来。

范宣子问叔孙穆子："古人有句话说'死而不朽'，你知道这话是什么意思吗？"

叔孙穆子不清楚范宣子提出这个问题的用意，没有马上回答。

范宣子以为叔孙穆子答不上，得意地说："过去，我的祖先在虞舜以前叫陶唐氏，在夏代叫御龙氏，在商代叫豕韦氏，在周代叫唐杜氏。周王室衰败以后，我们家族仍然主持晋国大政，只不过我们改姓叫范氏罢了。我们世世代代都享受俸禄，享受荣华富贵，所谓'死而不朽'，恐怕说的就是这个吧！"

叔孙穆子听他这样说，觉得很不入耳，便说："据我所听到的，这只叫做世禄，也就是说，这叫做世世代代享受禄位，而不是'不朽'。鲁国有一位已经去世的大夫，叫臧文仲，生前做了很多好事，死了以后，他的事迹世世代代被人们传颂，他说的名言至今没有被人们忘记。所谓'不朽'，说的应该是这个吧。"

叔孙穆子顿了顿，接着说："我听说，最高的境界是立德、立功、立言，也就是说，首先是树立德行，其次是树立功业，再其次是树立言论。如果能做到这样，即使死了也永远不会被人们忘记，这叫做'三不朽'。如果只是保存祖先的姓氏，或者接受祖先的姓氏，用来守住祖先原有的宗庙，使祖先的宗庙世世代代都不断绝祭祀，这是每个国家、每个人都有的情况，不能说是不朽。"

听了叔孙穆子的话，范宣子哑口无言。从此，"死而不朽""三不朽"这两个说法就传下来了,真正做到了"不朽"。

励志戒骄

原文

鲁襄公使叔孙穆子①来聘②,范宣子③问焉,曰:"人有言曰'死而不朽',何谓也?"穆子未对。宣子曰:"昔匄(Gài)之祖,自虞以上为陶唐氏,在夏为御龙氏,在商为豕(shǐ)韦氏,在周为唐杜氏。周卑④,晋继之,为范氏,其此之谓也⑤?"对曰:"以豹所闻,此之谓世禄⑥,非不朽也。鲁先大夫臧文仲⑦,其身殁(mò)矣,其言立于后世,此之谓死而不朽。"

(《国语·晋语八》)

注释

①叔孙穆子:鲁国的卿,名豹。②来聘:来晋国访问。③范宣子:晋国正卿,名士匄。匄,"丐"的异体字。④卑:衰微。⑤其此之谓也:大概这就叫做死而不朽吧。⑥世禄:世世代代享有禄位。⑦臧文仲:鲁国的卿。

道理

在别人面前炫耀连自己都没有真正弄懂的所谓学问,其结果只能是自讨没趣,自曝(pù)浅薄。

4. 范献子立身

訾祏是晋国正卿范宣子的老家臣，多年来对范宣子忠心耿耿。这一年，訾祏死了，年老的范宣子非常悲痛，如同失去了左膀右臂一样。

过了一段时间，范宣子心情好起来，对儿子范献子说："儿啊，以前我有訾祏作为谋臣，早晚有事都可以询问他，共同商议辅佐晋国的方略，同时也管理我们的家族。现在呢，你有两个问题，一是独自不能办事，一是没有人可以商量。你打算怎么办呢？"

范献子笑着回答："那好办。对于第一个问题，我是这样解决的：竭尽自己的智慧和力量，恭恭敬敬地办事，不图简单，不求安逸，学习道德，注重团结，追求正义。父亲您在这方面也给我做了很好的示范。当年，和邑的大夫与您因为田界问题，一度争吵不休，后来訾祏跟您谈了范氏家族世代积累的功德，您很快明白了团结的重要性，就多让了对方一些田地，与对方和好如初。这件事对我启发很大，我想，我立身处事的第一个原则就是：勤恳做事，以和为贵。"

"你说得好极了。"听了儿子的话，范宣子十分高兴，"那么，你怎样解决第二个问题呢？"

"我立身处事的第二个原则就是：谦虚谨慎，尊重他人。也就是说，有事多和大家商量，但不是为了讨好；自己的想法即使很好，也不自以为是，一定要听从长者的意见。"

"你说得对极了。"范宣子满意地说，"我给你说个故事吧。从前，你的祖父范文子晚上退朝回家，你的曾祖父问：'为什么回来晚了？'你祖父说：'有位秦国客人在朝廷上提些转弯抹角的问题，

160

大夫们没有一个人能回答，我懂得其中的三个问题。'你曾祖父大怒说：'大夫们不是不能回答，是对长者们谦让。你这个年纪轻轻的孩子，却在朝中三次抢先说话，掩盖别人。如果我不在晋国，我们家恐怕就要败亡了。'你祖父从此明白了谦虚谨慎的道理。现在，你能够谦虚谨慎，可以免遭祸患了。"

从此，"谦虚谨慎"就成为范氏家族的家训。

原文

訾祏（Zīshí）①死，范宣子谓献子②曰："鞅乎！昔者吾有訾祏也，吾朝夕顾③焉，以相晋国，且为吾家。今吾观女④也，专⑤则不能，谋则无与也，将若之何？"对曰："鞅也，居处恭，不敢安易⑥，敬学而好仁，和于政而好其道，谋于众不以贾好⑦，私志虽衷，不敢谓是也，必长者之由⑧。"宣子曰："可以免身。"

（《国语·晋语八》）

注释

①訾祏：范宣子的家臣。②献子：范宣子的儿子，名鞅。③顾：问。④女：同"汝"，你。⑤专：独立。⑥易：简易。⑦敬学而好仁，和于政而好其道，谋于众不以贾好：恭敬地学习仁德，团结别人搞好政事，一切遵循正道，有事和众人商量但不是为求好感。贾：谋求。⑧由：从。

道理

有了谦虚谨慎的良好品格，可以认识自我，远离武断，避免清高。

5. 师旷论乐

故事

师旷是晋国的乐官,虽然失明,但他精通音律,琴艺超众。

在庆祝晋平公新建王宫落成的仪式上,前来祝贺的卫灵公观赏过晋国的歌舞之后,让自己的乐师师涓(juān)也演奏一支曲子助兴。师涓理弦调琴,使出浑身解数弹奏起来。随着他的手指起落,琴声像绵绵不断的秋雨,又像是令人心碎的哀痛哭诉。

坐在陪席上的师旷面带微笑,用心倾听着。不一会儿,只见他脸上的笑容渐渐消失了,严肃地对师涓说:"快停住!这是亡国之音啊!千万弹不得!"

晋平公忙责问师旷道:"这曲子好听得很,你怎么说它是亡国之音呢?"

师旷振振有词地说道:"这是商朝末年乐师师延为暴君商纣王所作的'靡靡之音'。后来商纣王无道,被周武王消灭了,师延害怕受到处罚,就抱着琴跳进濮(Pú)河自尽了。所以,这音乐一定是在濮河边听来的。这音乐很不吉利,谁要沉醉于它,谁的国家定会衰落。"说到这里,师旷转过脸来问师涓:"这支曲子是在濮河边听来的吧?"

"正是。"师涓道。

师旷摇摇头道:"佳音美曲可以使我们身心振奋,亡国之音会使人堕落。主公是一国之君,应该听佳音美曲。"

"那么,你就弹一首给我们听听。"晋平公道。

师旷打开了自己的琴,当他用奇妙的指法拨出一串音响时,便见有16只仙鹤从南方冉冉飞来,一边伸着脖子鸣叫,一边排着整齐的队列展翅起舞。当他继续弹奏时,仙鹤的鸣叫声和琴声融为一体,在天际久久回荡……

一曲终了，师旷缓缓放下琴，说道："音乐，是国家教化的体现。它可以推广德行，宣扬国家，表现万物。乐配诗，人可咏唱；乐说礼，人知节制。在老百姓中，如果德行传播得广远，而且人人依时劳作，依礼做事，这样，远方的人就会归服，近处的人也不会离去。"

晋平公激动地握住师旷的手说："你的技艺真是惊天地泣鬼神，你的高论也使我明白了'乐以教化'的道理啊。"

励志戒骄

原文

平公说新声①，师旷(kuàng)②曰："公室③其将卑④乎！君之明兆于衰矣⑤。夫乐以开山川⑥之风⑦也，以耀⑧德于广远也。风德以广之，风山川以远之，风物以听之。修诗以咏之，修礼以节之。夫德广远而有时节⑨，是以远服而迩(ěr)⑩不迁⑪。"

（《国语·晋语八》）

注释

①平公说新声：平公，晋平公。说，通"悦"，喜欢。新声，指卫灵公的乐师涓为平公演奏的曲子。②师旷：晋国乐师，名旷，字子野。古代乐官均称师。③公室：指晋国。④卑：衰微。⑤君之明兆于衰矣：君王已经出现衰亡的征兆了。明：萌发，显露。⑥山川：泛指国家。⑦风：教化。⑧耀：光耀。⑨时节：指耕种要按照一定的农时，举止要符合一定的礼节。⑩迩：近。⑪迁：迁居。

道理

真正的艺术家，总是对艺术有独到深刻的理解，并且能使艺术发挥出应有的社会作用。

6. 自求多福

春秋时期,各诸侯之间常常通过婚姻关系结为同盟,一些大国也利用这种关系支配小国。郑国太子忽两次拒绝齐国的求婚,目的是摆脱齐国对郑国的支配,要依靠自己,独立发展。

当初,齐僖(xī)公为了笼络郑国,派使臣到郑国,向郑庄公提亲,要把自己的女儿文姜许配给郑太子忽为妻。然而,令许多人没有想到的是,这门好亲事被太子忽推辞了。当时,有很多大臣都来劝太子忽:"齐国是大国,郑国是小国,我们要想求得生存发展,没有靠山不行。再说,你兄弟又多,难免有人有不轨之心,若没有大国的支持,即便你即位了也不一定能坐得安稳,你还是答应这门婚事吧。"

太子忽不听,说:"人各有自己的配偶,文姜虽然来自大国,但不适合做我的配偶。古人说过,求人不如求己,靠自己就会多有福德。国家的强盛,全在于自己,何必依靠大国呢?"

公元前706年,北戎军队侵伐齐国,齐国派使者到郑国请求援助。郑国派太子忽率领军队去援助齐国,由于太子忽英勇善战,足智多谋,结果大败北戎军队,并俘虏了北戎的两员大将。

等到打败北戎军队,准备回国之际,齐僖公又通过大臣沟通,愿将自己的女儿许配给太子忽为妻,太子忽还是坚决推辞。有人劝他说:"齐僖公主要看重的是你的英武和出于对郑国的感激,你还是接受这门婚事吧!"太子忽说:"我没有替齐国做什么事情的时候,尚且不敢娶文姜为妻。如今奉君王之命解救齐国的危难,却娶了妻子回国,这分明是在利用打仗之名成就个人的婚事,郑国老百姓将会怎么看我呢？"于是太子忽借父亲郑庄公的名义再次辞谢了这门婚事。

当时,他的行为受到了国人的称赞。

励志戒骄

原文

齐侯欲以文姜①妻②郑大子忽③。大子忽辞,人问其故,大子曰:"人各有耦(ǒu)④,齐大,非吾耦也⑤。诗云:'自求多福'⑥,在我而已,大国何为?"

（《左传·桓公六年》）

注释

①文姜:齐僖公的女儿。②妻:嫁给,动词。③郑大子忽:郑国太子,名忽,即后来的郑昭公。大子:即太子。④耦:通"偶",配偶。⑤齐大,非吾耦也:辞婚者表示自己门第或势位卑微,不敢高攀。⑥自求多福:依靠自己就能多受福德。

道理 依靠自己的力量不断壮大实力,最终会让事业兴盛起来。

7. 安步当车

战国时，齐国有个文士名叫颜斶，虽然性情刚烈，但很有才华，他摒(bìng)弃仕途，隐居在家，生活得自由自在。

齐宣王慕他的名，把他召进宫来。颜斶随随便便地走进宫内，来到殿前的阶梯处，见宣王正等待他拜见，就停住脚步，不再行进。

宣王见了很奇怪，就呼唤说："颜斶，过来！"不料颜斶还是一步不动，呼唤宣王说："大王，过来！"宣王听了很不高兴，左右的大臣见颜斶目无君主，口出狂言，都说："大王是君主，你是臣民，大王可以叫你过来，你怎么可以叫大王过来呢？"

颜斶说："我如果走到大王面前去，说明我羡慕他的权势；如果大王走过来，说明他礼贤下士。与其让我羡慕大王权势，还不如让大王礼贤下士的好。"齐宣王无言以对，满脸不高兴。

大臣们忙来解围："颜斶，过来！我们大王拥有千乘之国，东西南北谁敢不服？大王想怎么做就怎么做，老百姓没有不俯首听命的，你们士人又算什么呢？"

颜斶驳斥道："你们说得不对！大禹的时候，诸侯有万国之多。这是为什么呢？因为他尊重士人。到了商汤时代，诸侯有3000之多。如今，称孤道寡的才24个。由此看来，重视士人与否是得失的关键。从古到今，没有能以不务实事而成名于天下的。所以君王要以不经常向人请教为羞耻，以不向地位低的人学习而惭愧。"

宣王听到这里，才觉得自己理亏，便用客气的语气说："听了你的一番高论，才知道了小人的行径。今后你就住在我这里，保你此生荣华富贵，享受不尽。"

颜斶听了齐宣王的话，非常冷淡地说："玉，原来产于山中，如果一经匠人加工，就会破坏；虽然仍然宝贵，但毕竟失去了本来的面貌。士人生在穷乡僻壤，如果选拔上来，就会享有利禄；不是说

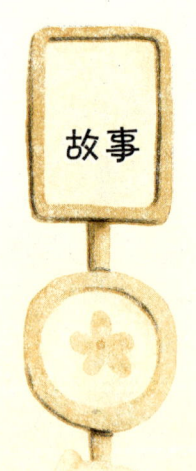

他不能高贵显达,但他外在的风貌和内心的世界会遭到破坏。所以我情愿希望大王让我回去,吃不起肉,可以把吃饭的时间推迟,直到饿极了再吃,哪怕是萝卜白菜,吃起来也有滋有味;没有车子坐,步行时只要走得慢些、安稳些,就好比坐车那么舒坦了。只要不做坏事、不犯罪,廉洁正直,洁身自好,就比升官发财要踏实得多,就会自由自在、无忧无虑了。如今发号施令的,是大王您;而竭尽忠心直言进谏的,是颜斶我。我的主要意思已经说了,希望您允许我回去,平平安安地回到我的家乡。"

励志戒骄

原文

夫玉生于山,制①则破焉,非弗宝贵②矣,然夫璞(pú)不完③;士生乎鄙野④,推选则禄⑤焉,非不得尊遂⑥也,然而形神不全⑦。斶(chù)愿得归,晚食以当肉⑧,安步以当车,无罪以当贵,清静贞正以自虞(yú)⑨。制言⑩者,王也,尽忠直言者,斶也。言要道已备矣,愿得赐归,安行而反臣之邑屋⑪。

(《战国策·齐策四》)

注释

①制:经过玉匠加工。②非弗宝贵:并非不宝贵。③夫璞不完:本来的面貌已不复存在。④鄙野:偏僻乡野之地。⑤推选则禄:推举选拔被任用而享有禄位。⑥非不得尊遂:并非不尊贵不显赫。遂,达。⑦形神不全:精神、本质已被伤害。⑧晚食以当肉:是说饿了再吃,其美比于食肉。⑨自虞:自得其乐。⑩制言:发号施令。⑫安行而反臣之邑屋:平平安安地回到家乡。

道理

能拒绝奢华的诱惑、潜心做自己事情的人,永远不会迷失自己的本性。

8. 趾高气扬

故事

春秋时,楚国有个叫屈瑕的将军。他是个注重表面、不求实质的人,稍有成绩表现,便显得很骄傲。

有一次,他领兵去攻打绞国,起初战败,后来因为用计,终于得胜,并且签了城下之盟。

第二年,屈瑕又奉命去攻击罗国,有个叫斗伯比的将军去为他送行。当斗伯比回来的时候,悄悄地对替他驾车的人说:"屈将军这次一定会打败仗。我见他走起路来把脚抬得很高,说明他心意浮动,得意忘形。具有这种心态的人,怎能打胜仗呢?"

于是斗伯比便去见楚武王,希望楚武王能立刻派兵前去接应,可是楚武王并没有接受他的意见。

楚武王回宫之后,将这件事告诉了夫人邓曼。邓曼是一个聪明的女子,她听了楚王的话以后,说:"斗伯比的真实意图并不是派遣援兵,而是提醒大王,屈瑕得意于攻打绞国的胜利,变得忘乎所以,刚愎自用,他必定小瞧罗国,会因此而轻敌缺少防备。"

楚武王接过话茬说:"是啊,我怎么没有想到这一点呢?"

邓曼接着说:"斗伯比的意思一定是要大王训诫、镇抚民众,用美好的德行昭告百官;召见屈瑕,告诉他上天不会原谅他的错误。若不是这样,斗伯比难道不知道楚国的军队已经都派出去了吗?"楚武王恍(huǎng)然大悟,立刻下令派兵去追,可是已经来不及了。

屈瑕为了尽早攻克罗国都城,督催全军尽快渡过鄢水(今蛮河),队列错乱也在所不惜,以致渡过鄢水之后,行近罗国都城时,正面有罗国军队迎击,背面有突然出现的卢国军队偷袭,楚军腹背受敌,很快就溃败了。屈瑕因退路被卢、罗两国联军截断,不得已南逃至荒谷(在今江陵县境)一带。

事已至此,屈瑕自觉无面目见君王、父老,于是自缢(yì),其他将领则自囚以听罪。楚武王宣告臣民:"这是寡人的过错。"他宽宥(yòu)了全体将士。

励志戒骄

原文

十三年春,楚屈瑕(xiá)①伐罗②,斗伯比③送之。还,谓其御曰④:"莫敖⑤必败。举趾高⑥,心不固⑦矣。"遂见楚子曰:"必济师⑧。"楚子辞⑨焉。

(《左传·桓公十三年》)

注释

①屈瑕:楚军统帅。②罗:国名,熊姓。③斗伯比:楚国大夫。④谓其御曰:对驾车的人说。⑤莫敖:原是楚国储君之称,后成为固定的世袭官称。这里指屈瑕。⑥举趾高:把脚抬得很高。⑦心不固:心意浮动,得意忘形。⑧必济师:一定要再派些军队增援。⑨辞:拒绝。

道理

那些取得一点成绩便沾沾自喜、目空一切的人,其结局必定是惨痛的失败。

9. 卧薪尝胆

故事

春秋末期,吴国与越国争霸,越国大败,越王勾践听从谋臣范蠡的意见,派文种到吴王营里去求和。

文种在吴王夫差面前把勾践愿意投降的意思说了一遍,由于大臣伍子胥坚决反对,吴王夫差一时拿不定主意。

文种回去后,打听到吴国的太宰伯嚭是个贪财好色的小人,就把一批美女和珍宝私下送给伯嚭,说:"您如果宽容越国的罪责,今后还有比这更好的准备进献给您。"

伯嚭于是向夫差进谏说:"我听说,古时候讨伐别人国家的,使它屈服就可以了。现在越国已经屈服了,还求取什么呢?"

经过伯嚭的一番劝说,夫差不顾伍子胥的反对,答应了越国的求和,但是要勾践亲自到吴国来。

勾践把国家大事托付给文种之后,就送300人到吴国做宫内奴仆,自己则带着夫人和范蠡到吴国去侍奉勾践。

勾践在吴国受尽了夫差的百般羞辱,但他忍辱负重。平时,他住在吴国先王阖闾坟前的一个小石屋里,给勾践喂马;还经常在旧臣面前匍匐(púfú)在地上,为夫差当上马石,待夫差上马之后,他则躬着腰,给夫差乘坐的马车做前导。有一天,夫差病了,勾践为了诊断夫差的病情,不顾脏臭,亲自为夫差品尝粪便,感动得夫差泪水都流下来了。

这样过了三年,夫差认为勾践真心归顺了他,就放勾践回国。

勾践回到越国后,立志报仇雪耻。他唯恐眼前的安逸消磨了志气,便在吃饭的地方挂上一个苦胆,每逢吃饭的时候,就先尝一尝苦味,然后问自己:"你忘了会稽(Guìjī)的耻辱吗?"他又把席子撤去,用柴草当做褥子,提醒自己不要睡安稳觉。这就是后人传诵的"卧薪尝胆"。

勾践一面继续卑躬屈膝地侍奉着吴王夫差,一面暗中发展生产,要使越国富强。他公开向国人承认自己过去的错误,并且在行动上去做受人欢迎的事情。他埋葬死去的人,慰劳受伤的人,抚养活着的人,问候有丧事的人,庆贺有喜事的人,欢送离去的人,迎接迁来的人,除去民众所厌恶的事,补充民众不满意的事。经过十年的努力,越国终于人心统一,国力强大。

公元前475年,越王勾践大举进兵吴国,最终逼迫吴王夫差自杀,勾践一雪前耻。

原文

越人饰美女八人纳之太宰嚭(Pǐ)①,曰:"子苟赦越国之罪,又有美于此者将进之。"太宰嚭谏曰:"嚭闻古之伐国者,服之而已。今已服矣,又何求焉。"夫差与之成而安之。勾践说②于国人曰:"寡人不知其力之不足也,而又与大国执雠(chóu)③,以暴露百姓之骨于中原,此则寡人之罪也,寡人请更④。"于是葬死者,问伤者,养生者,吊有忧,贺有喜,送往者,迎来者,去民之所恶,补民之不足。然后卑事夫差⑤,宦(huàn)士⑥三百人于吴,其身亲为夫差前马⑦。

(《国语·越语上》)

注释

①太宰嚭:太宰,朝中高官。嚭,人名。②说:说明,解释。③执雠:结仇。④更:改正。⑤卑事夫差:卑躬屈膝地去侍候吴王夫差。⑥宦士:指当奴隶的人。⑦为夫差前马:在夫差骑马时为前导、前驱。

道理

失败并不可怕,只要败而不馁(něi),能够忍得一时之辱,就有东山再起的机会。

九、谋略智慧

MOULUEZHIHUI
CHUDUGUOXUE

1、书生进城

2、智收祭地

3、借刀除奸

4、虎怒断蹄

5、智逃虎口

6、罪犯敢死队

7、邯郸之围

8、背城一战

9、包藏祸心

1. 书生进城

故事

从前,在温这个地方有一书生,自幼勤学上进,除埋头读万卷书外,还立志行万里路。但家人总是以"父母在,不远游"为借口,多次打消了他出行的念头。直到而立之年,他才终于说服家人,开始了万里之行。

一天,他背着行囊(náng)风尘仆仆地来到了属于东周地界的边防小城,不禁喜上心头,总算走过了那段荒凉之地。此时,他恨不得一步跨进城门,到里面饱餐痛饮一顿。可正当他迈开大步往里走时,却被看守城门的人拦住了去路。

其中一个官员模样的人走上前来,对他仔细打量一番后说:"你是外地人吧?根据我们东周的新规定,你不能进入。"书生听罢,不禁眉头一皱,但他很快镇定下来,一脸真诚地对那个官员说:"可我是本地人啊。"那个官员一脸狐疑地说:"是么?那你说说家住那里?地方官为何人?"书生顿时傻眼了,支吾了半天也没有回答上来,那个官员立即下令把书生抓了起来并上奏朝廷。

东周君对这个竟然冒充东周本地人的外地书生非常恼火,立即派遣司法官员到边城查办惩处。书生面对盛气凌人的司法官的讯问,不慌不忙地说:"我幼年时读《诗经》,《诗经》上说:'整个天下,无一处不是君王的领土;四海之内,无一人不是君王的百姓',现在东周君是天子,那么,我就是天子的百姓啊。怎么能说我是外地人呢?"这位官员觉得书生说得非常在理,就将书生所言写成奏折呈给东周君。

东周君看后也觉得在理,就让人把这位温地来的书生放走了。

谋略智慧

原文

温①人之②周③,周不纳④客。即对曰:"主人也。"问其巷⑤而不知也,吏因囚之。

君使人问之曰:"子非周人,而自谓非客,何也?"对曰:"臣少而诵《诗》,《诗》曰:'普天之下,莫非王土。率土之滨⑥,莫非王臣。'今周君天下⑦,则我天子之臣,而又为客哉?故曰'主人'。"君乃使吏出⑧之。

(《战国策·东周策》)

注释

①温:地方名,在西边。②之:前往,去到。③周:东周。④纳:接受,接待。⑤巷:住址。⑥率土之滨:指四海之内。率,沿着,顺着。⑦周君天下:周王室分裂为西周君与东周君后,东、西二周都假用天子的名号,就其实力而言,只相当于一个小国。⑧出:从囚室放走。

道理

活学活用书本知识,可以化解意料之外的难题,使自己摆脱困境。

2. 智收祭地

故事

赵国原本是东周的一个诸侯国,它伴随着东周的逐渐衰微而崛(jué)起。一天天强大起来的赵国再也不甘心对东周俯首称臣,不仅如此,它还动不动就对东周发难,针对东周而采取的攻城略地之类的事件时有发生,东周君尽管心里十分不舒服,但也只能一忍再忍。

这次,赵国又向东周发难并借机占用了东周的祭地,东周君因此而十分忧虑,觉得赵国得寸进尺,让人再也无法忍受。他思来想去,总觉得咽不下这口气。东周君在心里暗下决心:必须收回祭地。他认为赵国对东周的任何不恭和不友好都可以原谅,唯独占用东周祭地一事决不能原谅,否则,他无法向祖宗交代。但他转念一想,不可原谅又能怎么样?凭着东周目前的综合实力,甭说去要,就连公开表示不满都得考虑考虑后果。无奈之下,东周君把这件事告诉了大臣郑朝。他想听听郑朝对此持何态度,有何高见。

郑朝是东周的三朝老臣,一向对东周君忠心耿耿,他听了东周君的一席肺腑之言后,眉头紧蹙(cù),然后一拍脑门说:"君王不必担忧,我有办法了,保证帮您收回祭地,但您需给我30金,过不了多久,赵国就会乖乖地把祭地还给您。"

于是,东周君就给了他30金。郑朝拿到30金后,马上设法秘密约见赵国的太卜,他把这30金全给了太卜,又把赵王不仁不义占用东周祭地的事也告诉了太卜。

事隔不久,赵王生病了,传旨要太卜立即进宫帮他占卜问病。太卜占卜之后,脸色立刻大变,显出十分惊恐的样子,走近赵王耳语道:"大王的病是因为周的祭地作怪所致,如果不赶紧把这祭地

176

归还给东周,您的病就会一天比一天加重。"

赵王听后,不禁浑身哆嗦,赶忙说:"快,快传我的旨令,立即把祭地归还东周。"

原文

赵取周之祭地,周君患①之,告于郑朝。郑朝曰:"君勿患也!臣请以三十金②复取之。"周君予之。郑朝献之赵太卜(bǔ)③,因告以祭地事。及④王病,使卜之。太卜谴(qiǎn)⑤之曰:"周之祭地为祟⑥。"赵乃还之。

(《战国策·东周策》)

注释

①患:忧虑。②三十金:30斤金子。一金重为1斤。③太卜:掌管占卜的官员。④及:等到。⑤谴:责备。⑥祟:作怪。

道理

在别人的贿赂面前,有人心存贪念,导致陷入泥塘,后悔不已。

3. 借刀除奸

故事

这个故事发生在春秋战国时期。

故事的主人公昌他，本是西周的大臣，专门负责西周的物质储备与调配。因渎职犯罪，为躲避惩罚，他逃到东周。为了讨好东周，求其重用，昌他就把西周的国情，尤其是物资的存储与分布情况全都泄漏给了东周。东周君对昌他的表现非常赞赏，立即委以重任。

西周君得知后，大为恼怒，马上召集群臣商议对策。他说："昌他的出逃及泄密，严重地损害了我西周的利益，我们必须积极应对这一变化，请诸位爱卿议一议，这事该如何处置才好。"众大臣便你一言我一语地议论开了。有人建议"应尽快调整物资的存储方式"；有人奏请"除掉昌他"。西周君说："除掉昌他的想法不错，这样可以省去很多麻烦，但谁能担当此任呢？"一阵沉默之后，大臣冯且走到西周君身边小声地说："我能杀掉昌他。"西周君听后非常高兴。

在议事结束后，他立即召见冯且，秘密磋商除掉昌他的具体事宜。冯且说："我只需金子30斤就够了。"

于是，西周君就给了冯且30斤金子。冯且立即命人拿着这30斤金子和一封密信，火速送给昌他。信是以西周君的口气写的。信上说："告诉你昌他，事情要能办成，就尽力办成；如果办不成，立刻设法脱身返回！时间长了事情一定会泄露，一旦泄露，东周君就不会饶过你，何必白白送死。"送信人刚走，冯且又急忙派人假扮成告密者，故意将此事告诉给东周边防官员，说："今晚有奸细要进入国境。"边防官员立即加强设防布控，果然捕获了冯且派去给昌他送密信的人,并搜出那封密信。

　　由于此事关系重大,东周边防官员连夜将截获的密信送到都城,交给了东周君。东周君看后气得脸色发青,嘴里不停地嗫嚅(nièrú)着:"原来如此……怪不得……杀了他。"

　　第二天,东周便处死了昌他。

原文

昌他①亡②西周之③东周,尽输④西周之情于东周。东周大喜,西周大怒。冯且(jū)曰:"臣能杀之。"君予金三十斤。冯且使人操金与书,间遗⑤昌他。书曰:"告昌他,事可成,勉成之;不可成,亟(jí)亡⑥来。事久且泄(xiè),自令身死。"因使人告东周之候⑦曰:"今夕有奸人当入者矣。"候得而献东周,东周立杀昌他。

（《战国策·东周策》）

注释

①昌他:人名。②亡:因罪而逃叫亡。③之:到。④输:传递,泄漏。⑤间遗:使用离间的方法让东周处置昌他。间,离间,反间。遗,遗弃。⑥亟亡:亟,急,立刻。亡,设法脱身逃回。⑦候:侦察之官。

道理

巧借敌人之手,铲除叛逆之人,这是特殊时期的特殊手段。

4. 虎怒断蹄

故事

在大山深处,有一个猎户村。这个村里的人家,十有八九以捕猎为生。可最近一段时间,他们发现那些山鸡、野兔、麋(mí)鹿等小动物突然销声匿(nì)迹,连续多日他们都是早晨怀着希望出门,晚上两手空空而归。眼看再这样下去,一家老小的生活将没有着落,猎人们表面上沉默不语,其实内心早就焦躁不安。他们始终想不明白,这究竟是怎么回事?

一天,几个猎人在山岩背后等候猎物时,惊讶地发现密林深处躺卧着一只老虎,这只老虎体形硕大,让人望而生畏。他们不由得倒抽一口凉气,原来是这只老虎在作怪,他们终于明白了这些天始终不见猎物的原因。

于是,他们想出了一个既能避免与老虎正面冲突而不致受到伤害,又能保证擒(qín)住老虎的办法。一段时间的观察之后,他们在老虎经常出没的地方安装了一个拴缚兽蹄的捕猎器具,这种器具采用经过加工后的高山藤皮绳结节制成,其坚韧(rèn)度之高,足以让被它缚住的任何动物难以挣脱。

当猎人们设置好圈套后不久,那只老虎果然被缚住了。这让一段时间以来为虎所扰的猎人们兴高采烈,奔走相告,他们安心坐在家里,只等老虎气力耗尽,手到擒来。

可这只被缚的老虎在多次欲挣脱无果之后,非常恼怒,就用锋利的牙去咬那紧紧缠在左前蹄上的绳套,无奈那绳套太柔韧,老虎用牙咬了半天仍丝毫无损。它更加愤怒,大吼一声,将锋利的牙齿狠狠地刺入被绳缚住的蹄子,用力将其咬断……

第二天,猎人们兴致勃勃地来到老虎被缚的地方,准备收拾体力耗尽的老虎时,绳套上缚住的只有一只血淋淋的虎蹄,老虎却不见了踪影。他们马上就明白了这是怎么一回事,纷纷议论:都说虎毒不食子,没想到老虎竟然对自己这么狠。而一位年长的猎人则感叹道:"不是老虎不爱惜自己的蹄子,是它不愿因为要保护自己小小的蹄子,而残害了自己庞大的躯体。老虎咬断自己的蹄子,求得了生存,这是一种明智的选择啊!"

谋略智慧

原文

人有置系蹄①者而得虎。虎怒,决蹯(fán)②而去。虎之情非不爱其蹯也。然而不以环寸之蹯,害七尺之躯者,权③也。

（《战国策·赵策三》）

注释

①置系蹄:置,放置。放置绳套套住虎蹄。②蹯:兽足,这里指虎蹄。③权:权衡(轻重、得失)。

道理

断蹄可以求生,丢卒能够保帅,人人都明白其中的轻重关系,但能否做到取大而舍小,关键要看临场如何断然抉择。

5. 智逃虎口

故事

战国时期，齐国大臣张丑被齐王派到燕国做人质，后因燕、齐两国关系恶化，一天，燕王下令，午夜时分秘密逮捕张丑并立即处死。

张丑很快从齐国间谍人员那里得到消息，他趁燕国都城城门尚未关闭之机，连夜逃出燕国。天快亮时，他紧走慢跑终于赶到了燕国和齐国的交界处，正当他恨不得一步跨进齐国土地的时候，燕国的边防人员却把他抓了个正着。

原来，燕王的侍卫在午夜时分前去抓捕张丑时竟然扑了个空，他们立即禀(bǐng)报燕王，燕王恼羞成怒，命令侍卫火速通知各个边境哨卡严加巡查，发现可疑人等，立即押解回都城。

哨所边防人员就是在接到命令后才发现张丑的。张丑顿时傻眼了，可张丑毕竟不是寻常之人，作为齐国大臣，他曾多次出访其他国家，不仅见多识广，而且具有超强的应变能力。他眼珠只那么一转，便有了主意。他对燕国边防人员说："燕王之所以要杀我，是因为有人说我有宝珠，燕王想得到这颗宝珠。可现在我已经把这颗宝珠弄丢了，燕王却不会相信我已弄丢了它。你如果把我送交给燕王，我就说是你夺了我的宝珠，吞到肚子里去了。燕王一定要杀你，剖(pōu)开你的肚子和肠子。你要知道，一个贪得无厌的国君是什么事情都能做得出来的。我反正是要死的，你的肠子也会一寸一寸地被切断。"

这个边防人员害怕了，他可不想死得这么惨，于是就把张丑释放了。

原文

【谋略智慧】

张丑为质①于燕,燕王欲杀之。走且出境,境吏得丑。丑曰:"燕王所为将杀我者②,人有言我有宝珠也,王欲得之。今我已亡③之矣,而燕王不我信④。今子且致⑤我,我且言子之夺我珠而吞之,燕王必当杀子,刳(kū)⑥子腹及子之肠矣!夫欲得之君,不可说以利,吾要且死,子肠亦且寸绝!"境吏恐而赦之。

(《战国策·燕策三》)

注释

①为质:做人质。②所为将杀我者:将要杀我的原因。③亡:丢失。④不我信:不信我。⑤致:送达,交还。这里指抓张丑交给燕王。⑥刳:用刀剖开。

道理

生死关头,把给自己造成直接威胁的一方,置于与自己同样危险的境地,从而得以脱险,这是一种求生的机智。

6. 罪犯敢死队

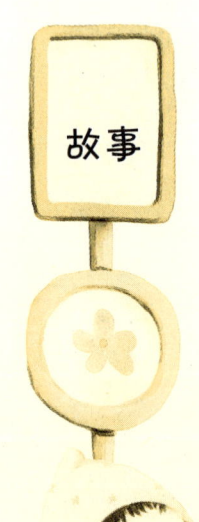

故事

吴国和越国是春秋末期迅速崛起而又迅速消亡的两个国家，他们都处于长江下游，都无险可守，因而两国总是处于你强我弱、有你无我的争斗之中。

公元前496年，吴王阖庐经过多年的养精蓄锐，终于决定和越国一决雌(cí)雄。吴王亲自带兵攻打越国，越王勾践亲自率军抵抗，越军在樵李这个地方严阵以待。接着双方展开了激战，吴军连战连捷，攻克了越军的一道道防线。

吴军步步为营，越军渐成溃势。不得已，越军派遣了一支敢死队冲击吴军的精锐部队，结果吴军毫不畏惧，并把这些人活捉了。勾践接连派去了三支敢死队冲进敌阵，都好似石沉大海，杳(yǎo)无音信，而吴军岿(kuī)然不动。

在万般无奈之际，勾践采纳了一个谋士的计策，用死囚组成一支敢死队。他打开越国的牢狱，向囚徒们说："你们犯了罪，我们杀你，你也是死；现在国难当头，吴国占领了我国，到那时你们是亡国奴，你们也是死。与其都是死，还不如为国家牺牲。只要你们为国捐躯，你们的家眷(juàn)可以得到官府的照顾，你们自己也可被追认为壮士。"

就这样，第二天临阵，吴军摆开阵势，准备迎战。不料，他们首先看到的是惊人的一幕：越国犯人，每三个组成一个编队，每人脖子上都挂着一把剑，正步挺进到吴军阵前，说："现在吴越两国交兵，我们对战争感到困惑，吴越同属炎黄子孙，我们何必兵戎相见呢？我们因为反战而触犯了军令，而又不敢逃避刑罚，特来贵军阵前自杀。"说完，这些越国犯人就拔剑自刎。吴军看得目瞪口呆，并窃窃私语,纷纷怨恨战争的频繁和无义。

正在吴军士气受到挫(cuò)伤之时,越王勾践趁机下令猛攻,把吴军打得溃败。吴王的鞋子跑丢了一只,大脚趾又被射中了一箭。由于江南瘴疬(zhànglì)之气盛行,又加上这是一只毒箭,吴王撤退到离檇李才七里的地方时,就因伤势过重而死亡了。

原文

吴伐越,越子勾践御之,陈于檇(zuì)李①。勾践患吴之整也,使死士②,再禽③焉,不动。使罪人三行,属(zhǔ)④剑于颈,而辞曰:"二君有治⑤,臣奸旗鼓⑥,不敏⑦于君之行前,不敢逃刑,敢归死。"遂自颈(jǐng)也,师属(zhǔ)之目⑧,越子因而伐之,大败之。

(《左传·定公十四年》)

注释

①檇李:吴王阖庐死亡之地方。②死士:英勇战斗而且不怕死的士兵。③再禽:二次派死士,二次被擒。禽:通"擒"。④属:佩,系,挂。⑤治:交兵。⑥臣奸旗鼓:我们这些人触犯了军令。旗鼓:代指军令。⑦不敏于君之行前:不能到越王的营帐前请求免罪。敏:通"愍",怜悯。⑧师属之目:吴国军队注目视之。属:专注。

道理

运用攻心战术,可使对方的心灵受到震撼,收到瓦解对方的效果。

7. 邯郸之围

故事

公元前354年,魏惠王欲报旧恨,便派大将庞涓前去攻打赵国的附属国中山。这中山原本是东周时期魏国北边的小国,曾被魏国收治,后来赵国乘魏国国丧之际,将中山强行霸占。魏将庞涓认为中山不过弹丸之地,距离赵国又很近,不如直接攻打赵国都城邯郸,既解旧恨又得中山,一举两得。魏惠王采纳了庞涓的意见,拨五百战车,数万军士,命庞涓为将,直奔赵国,围住了赵国都城邯郸。

被大军围困,赵王急难中只好求救于齐国。齐威王便召集大臣共同商议,他问道:"救赵好呢,还是不救赵好?"相国邹忌说:"不如不去救赵。"大臣段干纶说:"不救赵,则对我们齐国不利。"齐威王问:"为什么?"段干纶回答说:"让魏国吞并了邯郸,这对我们齐国有什么好处呢?"齐威王说:"有道理。"于是便准备下令驻军于邯郸郊外,出兵救赵。

段干纶赶紧阻止说:"我所说的救赵,并不是指直接出兵邯郸以解邯郸之围。如果我们齐国驻军于邯郸郊外,赵、魏两国就一定会休战,这样,赵国既不会被魏国打败,魏国也保全了实力,这有什么意义呢?我的意思是要等魏、赵两国交战,双方兵力疲弊削弱时,我们齐国才出兵从南面攻打魏国的襄陵,使魏军南北都疲于奔命。若邯郸被魏军攻克,我军就趁魏军疲惫之际去攻击魏军。我们这样做,既损坏了赵国,又削弱了魏国,那时周边就不可能再有劲敌了。"齐威王高兴地说:"此计甚妙。"

于是,齐威王待魏、赵两国交战正酣(hān)、兵力损失过半时,令田忌为将,孙膑(bìn)为军师,领兵向南进攻魏国的襄陵。七月,邯郸被魏军攻克,齐军趁魏军疲惫之际加紧攻击,大败魏军于桂陵。

原文

邯郸之难①,赵求救于齐。田侯②召大臣而谋,曰:"救赵孰与勿救③?"邹子④曰:"不如勿救。"段干纶(lún)⑤曰:"弗救,则我不利。"田侯曰:"何哉?"对曰:"夫魏氏兼⑥邯郸,其于齐何利哉?"田侯曰:"善。"乃起兵,曰:"军于邯郸之郊。"段干纶曰:"臣之求利且不利者,非此也。夫救邯郸,军于其郊⑦,是赵不拔⑧而魏全也,故不如南攻襄陵以弊(bì)⑨魏。邯郸拔而承魏之弊,是赵破而魏弱也。"田侯曰:"善。"乃起兵南攻襄陵。七月,邯郸拔,齐因承魏之弊,大破之桂陵⑩。

《战国策·齐策一》

注释

①邯郸之难:指魏国攻打邯郸之事。邯郸,赵国的国都。②田侯:即齐威王。③孰与勿救:是救还是不救。④邹子:齐国大臣邹忌。⑤段干纶:段干,姓。纶,名字。⑥兼:吞并。⑦军于其郊:驻军于邯郸郊外。⑧拔:被打败、攻克。⑨弊:使之疲惫。⑩桂陵:魏国地名。

道理

处理事情时,把握合适的时机,采用适当的方法,有时会收到超预期的效果。

8. 背城一战

公元前589年,齐、晋爆发鞍之战,由于齐国骄傲轻敌,结果被晋、鲁、卫三国联军打得大败。

齐顷公委派使者宾媚人前往晋军大营请求和解,并向对方表示愿意向晋国敬献青铜食器和玉石乐器这两件宝器,归还曾经占领的鲁国和卫国的土地。

宾媚人向晋军统帅郤(Xì)克献上两件宝器并陈述齐方意见后,郤克不同意,另外提出了两项和解条件:"一定要让萧同叔子去晋国做人质,同时使齐国境内的道路和田亩都改为东西走向。"

宾媚人反驳道:"萧同叔子不是别人,是我国国君的母亲啊!假使以对等的身份作比较,相当于晋国国君的母亲。您居然能开出一定要让别人的母亲充当人质方能取信的条件来,您又将如何对待周天子的命令呢?况且这就是在用不孝的精神号令列国呀,这恐怕有悖(bèi)于道德准则吧?"

郤克无言以对。

宾媚人接着说:"先王为天下划分田界的依据,是区别地理形势,考察土壤特性,有利于生产的布置。现在您为列国划分田界,居然开出非要让田亩改为东西走向的条件,只管您的战车行驶方便,而不顾人民的利益,这符合先王的意愿吗?违背先王的意愿就是不义,晋国怎么能当盟主呢?"

这时,鲁、卫两国的将领表示愿意和解,郤克仍然不表态。

宾媚人又接着说:"如果你们不肯按敝国的条件和解,我国主公也有命令,让我作为全权代表向您表示:您统帅的军队光临敝国,我们慑(shè)于尊大王的神威,屈服战败。您惠临敝国,如果能考虑我们齐国的福祉(zhǐ),不灭亡我们的国家,让我们两国继续过去的友好,那么,我们先君留下的破旧器物和土地,我们是不敢吝惜的。您如果坚决不答应我们的请求,我们只能收拾残部,背靠城垣(yuán)作最后一战。即使我国侥(jiǎo)幸战胜了,我们也会服从贵国的,何况如果我们再次战败,到那时,敢不一切听从您的命令吗?"

看到齐国的态度很坚决,郤克同意和解,并签订了和约。

【谋略智慧】

原文

子以君师辱于敝邑,不腆(tiǎn)①敝赋,以犒(kào)②从者。畏君之震,师徒桡(náo)③败。吾子惠徼(yāo)④齐国之福,不泯(mǐn)⑤其社稷,使继旧好,唯是先君之敝器、土地不敢爱。子又不许。请收合余烬(jìn)⑥,背城借一⑦。敝邑之幸⑧,亦云从也,况其不幸,敢不唯命是听。

(《左传·成公二年》)

注释

①腆:羞愧。②犒:犒劳,犒赏。③桡:屈服,挫败。④徼:求,求取。⑤泯:灭,尽。⑥烬:物体燃烧后的残余,指残兵败将。⑦背城借一:原指背向本国都城,与敌人决一死战。今泛指与敌人进行决定存亡的最后一战。背,背向。借,凭借。一,一战。⑧幸:幸而战胜。

道理

凡事要坚守底线,即便处于弱势,也决不做无原则的让步。

9. 包藏祸心

故事

公元前541年,楚国北面的郑国国君,想把大臣公子段的女儿嫁给楚国的将军公子围,用结亲的方式同楚国建立友好关系,不料,楚国却想利用公子围到郑国迎亲的机会,带兵前往,一举吞并郑国。

到了迎亲那天,公子围驾着战车,率领军队,浩浩荡荡直奔郑国而来。郑国的子产识破了楚国这种迎亲背后的险恶用心,便派子羽出城婉言辞谢,说:"我们郑国都城很小,你们来迎亲的人太多,实在容纳不下,就在城外举行婚礼吧!"

公子围的代表却说:"婚礼是件大事,怎能在野外举行!你们不让我们进城,岂不是要叫天下人笑话我们楚国的地位低于你们郑国吗?不但如此,而且还会使我们的公子围犯下欺骗祖先的罪名,因为公子围在离开楚国时,已经到祖庙恭敬地祭告过祖先了!"

子羽见已经把话说到这分上了,只好直言不讳(huì)地说:"我们小国没有什么罪过,但是,如果因为国家小,希望仰赖大国,而对大国不加防备,那才是我们的罪过呢。我们郑国同你们楚国联姻,本想依靠你们大国来保护我们小国,可是没有想到,你们表面迎亲,却心怀鬼胎地来暗取我国。即使这样,我们也无所谓,我们的国只不过是贵国宾馆一样的地方,哪里敢说不让贵国大军进城呢?然而我担心的是那些像我们一样想仰仗大国垂荫(yīn)的小国,他们会从此对大国有所戒惧,并都怨恨大国,开始抗拒大国国君的命令,使大国威风扫地。到那时,后悔也晚了!"

公子围见阴谋败露,料想郑国定有防备,只得放弃偷袭的打算；但为了个人的脸面与大国的尊严，坚持要带兵进城，并表示楚兵一律不带武器，全部空手进去。

子产和子羽见公子围已经承诺不带武器，慑于大国的威势，也只好委曲求全，勉强同意了公子围进城迎亲的要求。公子围在城中举行婚礼后，不久便带着新娘子回到了楚国。

原文

子羽曰："小国无罪，恃(shì)实其罪①。将恃大国之安靖(jìng)②已，而无乃③包藏祸心④以图⑤之。小国失恃而惩诸侯⑥，使莫不憾⑦者，距违君命，而有所壅(yōng)塞⑧不行是惧！不然，敝邑，馆人之属也，其敢爱丰氏之祧(tiāo)⑨？"

（《左传·昭公元年》）

注释

①恃实其罪：恃大国而不防备，则有罪。恃：依靠，依赖。②恃大国之安靖已：仰仗大国，让自己国家安定。安靖：安定，平安。③无乃：恐怕。④包藏祸心：形容外表不露声色暗中害人。包藏，隐藏。祸心，害人之心。⑤图：谋算。⑥惩诸侯：使诸侯因此受惩戒。⑦憾：戒惧。⑧壅塞：堵塞。⑨敝邑，馆人之属也，其敢爱丰氏之祧：敝邑已是楚国之客馆，岂敢爱惜丰氏之祖庙？其，同"岂"。祧：祭祀远祖、始祖的庙。

道理

问题有时很复杂，在处理问题时不仅要看到表面，还要看到实质，尤其要预防那些包藏祸心的人从中作祟。